Gisela Walter

Sprachspiele für die Kleinsten

Differenzierte Sprachförderung für Kinder von 0 bis 3

Bei Fragen und Anregungen wenden Sie sich bitte an unsere Berater:
Marketing, 14328 Berlin, Cornelsen Service Center,
Servicetelefon 030 / 89 785 89 29

Weitere Bände aus der Reihe „Kinder von 0 bis 3":
Im Dialog mit den Eltern 0- bis 3-Jähriger • 978–3–589–24744–8
Gesund von klein auf • 978–3–589–24570–3
Jedes Kind ist einzigartig • 978–3–589–24767–7

Herausgegeben von Inga Bodenburg und Ilse Wehrmann

Weitere Informationen finden Sie im Internet unter:
www.cornelsen.de/fruehe-kindheit

Lektorat: Ingrid Samel, Schriesheim
Titelfotografie: © GordonGrand – fotolia.com
Gesamtgestaltung: Claudia Adam Graphik Design, Darmstadt
Technische Umsetzung: Markus Schmitz, Büro für typographische Dienstleistungen,
Altenberge
Illustrationen: © Antje Bohnstedt, Bretten

1. Auflage 2014

© 2014 Cornelsen Schulverlage GmbH, Berlin

Druck: Beltz Bad Langensalza GmbH

ISBN 978–3–589–24860–5

 Inhalt gedruckt auf säurefreiem Papier
aus nachhaltiger Forstwirtschaft.

Inhalt

Vorwort

Liebe Leserin, lieber Leser,

hundert Sprachen hat das Kind, sagte einst Loris Malaguzzi – und hundert Ideen brauchen wir tagtäglich, um im Zusammensein mit jungen Kindern auf ihre mannigfaltigen Sprachen und Äußerungen zu reagieren. Um ihre Signale zu entschlüsseln, ihre Laute zu verstehen, ihr Stillschweigen zu deuten, ihrem Bedürfnis nach Ausdruck überschäumender Freude im Tanzen, Musikmachen und Singen nachzukommen – kurz: ihren Stimmen Raum zu geben, braucht es Einfallsreichtum und vielerlei alltagserprobte Ideen. Wir brauchen sprachliche, klangliche und rhythmisierende Medien, die der Verständnisebene der Kinder entsprechen, die sich ausbauen, variieren und ohne viel Aufwand überall da einsetzen lassen, wo wir an die individuellen Formen der Verständigung jedes Kindes spielerisch anknüpfen wollen.

Giesela Walter gibt ihn ihrem wunderbaren Buch vielfältig anschauliche Anregungen, deren Verwirklichung jedem Kind ermöglichen, auf seine Weise seine Sprachen zur Entfaltung zu bringen und auszubauen. Sie regt zum Hinhorchen, Diskutieren und Erfinden an, wenn sie auf die Bedeutung des kommunikativen Weinens, der Brabbelsprache und der Lautbildung durch Pusten und Gurren hinweist und Ideen vermittelt, die den Kindern das Experimentieren mit ihrer „Körpersprache" ermöglichen – auch dann, wenn sie eine andere Muttersprache haben. Anschaulich schildert sie die Sprachentwicklung und deren Besonderheiten und gibt zu jedem neuen Entwicklungsschritt Tipps, die Impulse der Kinder situativ aufzugreifen und weiter zu führen.

Wie sich der Gebrauch der ersten Wörter gestaltet, wie sich Grammatik und Satzbildung entwickeln, wie Kinder lernen, sich phantasievoll im Dialog zu verständigen, schildert sie anhand vieler Beispiele und Spielideen. Sie geht auf die Rolle der Atmung in der Ausgestaltung der Sprachmusik durch Melodie, Lautstärke und Betonung ein. Dazu gibt es jeweils passende Spielvorschläge, die meist von der Situation ausgehen, in der die Kinder sich gerade befinden – von ihren Themen, Fragen und Motiven. Damit rückt sie ab von der „gelenkten Beschäftigung" in der Sprachförderung und unterstützt die Jüngsten im Aufbau vielfältiger individueller Kommunikationsformen. Einen großen Anteil hat in ihrem Buch die nonverbale Kommunikation: die „Stimmung in der Stimme", das Verständigen durch Gestik und Mimik, durch Tasten, Riechen, Schmecken, durch Hin-Sehen und Zu-Hören. Damit ist das Buch auch ein wichtiger Beitrag zur Inklusion in der Kindergemeinschaft: für die Kommunikation mit Kindern anderer Kulturkreise, für Kinder mit Einschränkungen und für alle Kinder, die über das Gesprochene hinaus mit Sprache experimentieren wollen.

Wir wünschen Ihnen viel Freude und Gewinn an und mit dem Buch – im sprachlichen Austausch mit ihrer eigenen und den hundert Sprachen der Kinder Ihrer Gruppe!

Gisela Walter und Inga Bodenburg

1.
Die Sprachentwicklung

Kinder sprechen in ihrer Entwicklung fünf Sprachen. Wenn sie weinen, lallen, brabbeln, mit einem Wort alles ausdrücken, was sie wollen oder benötigen, dann sind dies Ausdrucksmöglichkeiten, die kommunikativ wirksam sind und insofern unter Sprache verstanden werden können. Bis kleine Kinder vollständige Sätze sprechen, haben sie bereits einen langen Weg hinter sich, den sie aber gern, hochinteressiert und in rasantem Tempo zurücklegen.

Die Weinen-Sprache
Das Weinen ist die erste Sprache des Kindes. Mit seinem Weinen macht das Kind auf sich und seine Bedürfnisse aufmerksam. Es äußert diese Mitteilung mit unterschiedlicher Heftigkeit, Tonhöhe und Lautstärke. Wer auf diese Intonation des Weinens achtet, versteht die sprachlichen Äußerungen des Kindes.

Die Lall-Sprache
Das Lallen ist die zweite Sprache des Kindes. Es brabbelt in vielen unterschiedlichen und recht komplizierten Lauten. Es spielt mit den Lauten und hat sichtlich Spaß an seinem sprachlichen Können. Es setzt seine Lall-Sprache auch ein, um mit anderen zu kommunizieren. Nach einiger Zeit äußert sich das Kind nur noch mit den Lauten seiner Muttersprache.

Die Silben-Sprache
Die Silben-Sprache ist die dritte Sprache des Kindes, die es plappert und mit der es sich eifrig bemüht, mit anderen in Kontakt zu kommen. Bald redet das Kind in Doppelsilben. Wenn die Bezugspersonen darauf reagieren, lernt das Kind, welche Doppelsilben-Wörter verstanden werden, und setzt sie bewusst ein, wenn es den anderen etwas mitteilen will.

Die Ein-Wort-Sprache
Die Ein-Wort-Sprache ist die vierte Sprache des Kindes. Der Sprachschatz besteht aus vielen, längst gehört und gelernten Wörtern, die es jetzt selber aussprechen kann, weil es die Beweglichkeit seiner Mundmotorik gut trainiert hat. Zuerst formuliert das Kind die Ein-Wort-Sätze, bald kommen Zwei- und Drei-Wort-Sätze hinzu. Das ist jetzt der Sprachmodus, mit dem das Kind sich gerne unterhält und „zur Sprache bringt", was es meint, was es interessiert, was es will und nicht will.

Die Sprache mit vollständigen Sätzen
Sprache mit vollständigen Sätzen ist die fünfte Sprache, die das Kind in seiner Sprachentwicklung erwirbt. Das Kind bemüht sich, die gültigen grammatischen Regeln anzuwenden, die es von anderen gehört hat. Das Kind erlebt, dass es von allen verstanden wird, dass die anderen mit ihm reden, ihm auf seine Fragen Antworten geben und dass es auf diese Weise viele Neuigkeiten mitgeteilt bekommt. Mit kindlicher, grenzenloser

Wissbegier beginnt das Kind jetzt, viele Fragen zu stellen, weil es alle Dinge der Welt kennenlernen möchte.

1.1
Das kommunikative Weinen

Wenn das Kind weint, teilt es etwas mit. In die Erwachsenensprache übersetzt heißen diese Mitteilungen z. B.: „Ich bin hungrig" oder „Ich habe einen nassen Po" oder „Ich fühle mich allein gelassen und möchte in den Arm genommen werden". Aufmerksame, liebevolle Eltern und Erzieherinnen verstehen dieses Weinen und reagieren darauf. Sie sprechen mit dem Kind, beruhigen es, nehmen es vielleicht in den Arm und singen leise ein Lied mit einer ruhigen Melodie. So erlebt das Kind, dass seine Mitteilung verstanden wird, weil jemand reagiert und sich um es kümmert. Es bekommt die positive Bestätigung für seine Äußerung und lernt immer mehr, die Modulation seines Weinens zielgerichtet einzusetzen, wenn es dem anderen etwas „sagen" will.

> ⑯ *Sprachförderung*
>
> *Sprachförderung für das Kind auf dieser Sprachstufe bedeutet, auf das unterschiedliche Weinen des Kindes passend zur Situation zu reagieren. Bleibt die Reaktion aus, fehlt dem Kind die Bestätigung, dass seine Mitteilung verstanden wird. Das kann eine Blockade in der Sprachentwicklung auslösen, weil der positive Lerneffekt ausbleibt, und zu einer Kommunikationsstörung führen.*

> ⑯ *Das Mutterische*
>
> *Wenn Erwachsene sich mit einem Kleinkind unterhalten, ist ihre Stimme meist etwas höher als normal, die Artikulation fast etwas übertrieben, die Sätze sind kurz und enthalten viele Babywörter. Dieser Sprechmodus wird „das Mutterische" genannt. Selbst ältere Kinder sprechen mit Babys in diesem Tonfall.*

1.2
Die Lallphase

Das Lallen des Kindes ist eigentlich gar kein Lallen, sondern eher ein Gurren und Gurgeln, Schnalzen und Schmatzen, Pusten und Prusten. Es ist eine Sprache mit ziemlich schwierig auszusprechenden Lauten. Damit unterhält sich das Kind selber und teilt sich der Umgebung mit. Wir Erwachsenen können beim Aussprechen dieser komplizierten Laute kaum mithalten, weil unsere Zunge diese Laut-Akrobatik nicht mehr beherrscht.

> ◎ *Weltsprache*
>
> *Es sind etwa 70 Laute, die das kleine Kind in dieser Lallphase spricht und übt. Sprechen heißt hier brabbeln und prusten. Es ist interessant zu wissen, dass diese Lall-Sprache aus allen Lauten aller Sprachen der Welt besteht. Diese ersten Sprechübungen sind genetisch bedingt und bei allen Kindern der Welt am Anfang ihrer Sprachentwicklung zu hören.*

> ◎ *Muttersprachliche Prägung*
>
> *Die deutsche Sprache besteht aus etwa 40 Lauten. Wenn die Bezugspersonen mit dem Kind deutsch sprechen, hört das Kind aufmerksam zu und nimmt diese Laute und Lautstrukturen der deutschen Sprache wahr. Es schaut dabei dem Erwachsenen auch auf den Mund, um ganz genau die dazugehörigen Mund- und Zungenbewegungen zu beobachten. So lernt das Kind diese Laute, hört sie, sieht sie, erkennt sie wieder, unterscheidet sie von anderen Lauten, speichert sie in seinem Sprachgedächtnis ab und prägt sich auf diese Weise die Wortlaute seiner Muttersprache ein.*

Etwa neun Monate dauert diese muttersprachliche Prägung. Danach ist diese Sprachlektion abgeschlossen, das Kind übt nur noch die Laute seiner Muttersprache. Die nicht gehörten Laute werden im Sprechrepertoire zurückgenommen, ausgesondert und schließlich ganz gelöscht. Das ist auch der Grund, warum es in späteren Jahren so schwierig ist, eine Fremdsprache akzentfrei zu sprechen. Es fehlt der geübte Zungenschlag für die fremdartigen Laute.

> ◎ *Nach-Lallphase*
>
> *Hat das Kind alle Laute seiner Muttersprache im Gedächtnis abgespeichert, bemüht es sich jetzt, beim Plappern auch den Sprachklang und die Sprachmelodie der Muttersprache nachzuahmen. Zwar lallt und brabbelt es immer noch mit unverständlichem Wortschwall, aber diesmal im Tonfall der Muttersprache. Diese Lautäußerungen werden „soziales oder angepasstes Lallen" genannt.*

⑤ *Sprachförderung für die Zweisprachigkeit*

Wenn eine Erzieherperson als Muttersprache nicht Deutsch, sondern eine andere Sprache beherrscht, sollte sie mit dem kleinen Kind gleich von Anfang an in dieser Sprache sprechen. Dann wird das Kind in der Phase der Lautprägung auch die fremdsprachigen Laute wahrnehmen, plappernd üben und gleichwertig in seinem Sprechrepertoire abspeichern.

Später, wenn das Kind Wörter und Sätze sprechen lernt, sollte diese Bezugsperson weiterhin in seiner anderen Muttersprache mit dem Kind reden, damit es die zweite Sprache komplett lernt.

Brabbel-Unterhaltung

Lernziel:	verschiedene Laute hören, Bestätigung für die Lall-Äußerungen erhalten, Training der Lautbildung und Mundmotorik
Zeit:	1 Minute
Spielsachen:	Ball, Spielzeug, alles was rundum liegt

Mit Babys

Wenn das Baby munter umherschaut und vergnügt zappelt, ist das die beste Zeit, mit ihm eine kleine Unterhaltung in der Lall-Sprache zu führen. Beginnen Sie das Gespräch mit einem heiteren Gurren und Prusten. Sie wissen nicht, wie das geht? Dann beobachten Sie das Kind, hören ihm zu und ahmen seine Laute nach, so gut Sie eben können. Wie amüsant – jetzt sind Sie es, der vom Kind eine Sprache lernt.

Unterhalten Sie sich miteinander, wiederholen Sie die Laute, wieder und immer wieder. Zeigen Sie mit Ihrer Mimik, dass Sie Spaß an dieser Plapper-Sprache haben. Modulieren Sie mit Ihrer Stimme, sprechen Sie mal laut, mal leise, mal langsam, mal schnell. Das wird das Kind faszinieren, es wird Ihnen zuhören und begeistert mitmachen. Das ist es, auf was es ankommt: zuhören, nachahmen, mitmachen.

Mit Krabbelkindern

Jetzt kommen Spielsachen ins Spiel, wie z.B. Auto, Eisenbahn, Ball oder Kindermütze. Nutzen Sie den Moment, wenn ein Kind mit Ihnen Kontakt aufnimmt und etwas spielen will. Vielleicht hat das Kind ein Spielzeug in der Hand und gibt es Ihnen zum Mitspielen?

Nehmen Sie das Spielzeug, bewegen Sie dieses langsam hin und her und begleiten Sie Ihr Spiel mit einer Lautmalerei, das heißt, sprechen Sie in der Lall-Sprache. Da kurvt das Auto mit einem brummenden „brrrrrr-brrrrr", da fährt die Eisenbahn mit einem pfeifenden „rrrtsch-rrrtsch", da rollt der Ball mit einem prustenden „ph-ph-ph", da fällt die Mütze auf den Boden mit einem zungenschnalzenden „kl-kl-kl".

Erfinden Sie lustige, komische Laute, setzen Sie Lippenpuster und Lippenknaller, Zungenschnalzer und Zungenroller, Backenpruster und Zähnepfeifer ein, je vielseitiger, desto besser. Das Kind wird eifrig mitspielen, Ihre Laute nachahmen und erhält auf diese Weise das beste Lerntraining in Lautbildung und Mundmotorik.

Prusten und Gurren

Lernziel:	Motivation für das Sprechen der Laute, Training der Mundmotorik
Zeit:	5 Minuten
Spielsachen:	Waschlappen

Mit allen Kindern

Beim Waschen: Sie tauchen den Waschlappen in warmes Wasser und streichen, besser gesagt: streicheln damit mit sanften, langsamen Bewegungen über den Körper des Kindes. Untermalen Sie mit der Lall-Sprache das Waschen, machen Sie bei jedem Körperteil ein anderes Geräusch, prusten Sie z.B. beim Waschen der Arme, gurren Sie beim Sauberwischen der Hände, schnalzen Sie mit der Zunge, wenn die Beine an der Reihe sind. Das Kind wird zuhören, auf Ihren Mund schauen und ganz bestimmt das Waschen mit allen Sinnen genießen, egal, ob es das kurze Mund- und Händewaschen nach den Mahlzeiten oder die abendliche Wäsche ist.

1.3
Die Silben-Sprache

Hat sich das Kind ausreichend lange in der Lall-Sprache geäußert und die muttersprachlichen Laute geübt, ist seine Mundmotorik so weit entwickelt, dass es in einem weiteren, genetisch bedingten Entwicklungsschub die Silben-Sprache anwenden kann. Mit einem kurzen „a" oder energischen „da" zeigt das Kind auf das, was es bemerkt hat, und teilt auf diese Weise seine Entdeckung mit. Vertraute Personen begrüßt es lautstark in dieser neu erworbenen Silben-Sprache, z.B. mit einem „ta" oder „na", und unterstützt diese Aussage mit seiner Körpersprache, in dem es z.B. seine Arme in die Höhe streckt und damit zeigt, dass es von der Person in die Arme genommen werden möchte.

Die Doppelsilben

Begeistert experimentiert das Kind mit seiner Silben-Sprache, probiert immer mehr Silben aus, kann sie gut aussprechen und bildet plötzlich – ebenfalls genetisch gesteuert – Doppelsilben. Aus dem „ma" wird ein „ma-ma" und aus dem „pa" ein „pa-pa". Da ist die Freude der Eltern groß, ihr Kind hat „Mama" und „Papa" gesagt! Das kleine Kind erlebt die aufgeregte Begeisterung seiner Eltern und spricht gleich noch einmal diese Doppelsilben-Wörter aus, um wiederholt diese schöne, freudige Aufregung zu erleben. Es lernt schnell, dass diese beiden Doppelsilben-Wörter „ma-ma" und „pa-pa" etwas mit den beiden vertrauten Personen zu tun hat. Erst später versteht es, dass „Mama" und „Papa" die Namen seiner Eltern sind, mit denen es diese ansprechen und rufen kann.

⑥ *Miteinander in der Silbensprache reden*

Silben sind ein vielseitiges Sprech-Material, weil sie immer wieder neu zusammen-gebaut und aneinandergereiht werden können und dadurch immer wieder anders klingen. Hat das Kind das Spiel mit den Silbenwörtern entdeckt, plappert es begeis-tert, spricht mit anderen, spricht mit seinem Teddy, seinem Ball und vor allem mit sich selbst. Es genießt seine neue sprachliche Fertigkeit – und trainiert so seine Mundmotorik aufs allerbeste.

Was können Sie zur Förderung dieser Sprachstufe des Silben-Sprechens beitragen? So plappern wie das Kind – oder doch besser in der Erwachsenensprache zu blei-ben? Einerseits ist es gut, wenn Sie in der Erwachsenensprache mit dem Kind reden, um ihm viele Hörbeispiele dieser Sprache zu bieten. Doch genauso sinnvoll ist es, ab und zu auch in der Silben-Sprache mit dem Kind zu kommunizieren, um dem Kind positive Bestätigung zu geben, dass es verstanden wird und dass auch Ihnen das Sprechen in dieser Sprache Spaß macht.

Silbenverse und Abzählreime

Lernziel:	Sprech- und Sprachtraining, Aussprache, Sprachrhythmus und Sprachmelodien beachten
Zeit:	2–3 Minuten

Mit Kindern ab 1 Jahr
Es gibt im Kinderalltag viele Gelegenheiten für ein lustiges Sprechspiel, z. B. beim Hän-dewaschen oder Haarekämmen, beim Schuheanziehen oder wenn das Kind auf Ihren Schoß krabbelt und mit Ihnen spielen will.

Die Spielregeln variieren entsprechend: Sie waschen im Sprechrhythmus miteinander die Hände oder Sie kämmen den Kinderwuschelkopf mit der rhythmisch tanzenden Bürste oder Sie klatschen miteinander rhythmisch in die Hände. Ob das Kind mit-spricht oder nur zuhört und die Sprache sehen, hören und fühlen möchte, das ent-scheidet es selber. – Hier ein Abzählvers, von dem es unzähligen Versionen gibt:

Ene mene

Ene mene dubbe dene
dubbe dene dalia.
Ebbe bebbe bembio,
bio bio buff.

Silben singen, klatschen, patschen

Lernziel: *Silben deutlich aussprechen, Mundmotorik trainieren,*
Sprachrhythmus erfassen
Zeit: *3–5 Minuten*

Aramsamsam

Text und Melodie mündlich
überliefert

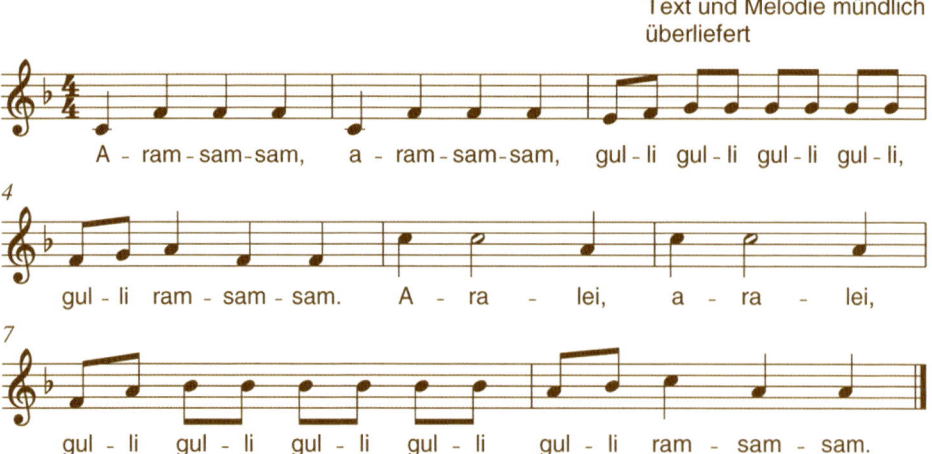

A - ram - sam - sam, a - ram - sam - sam, gul - li gul - li gul - li gul - li,

gul - li ram - sam - sam. A - ra - lei, a - ra - lei,

gul - li gul - li gul - li gul - li gul - li ram - sam - sam.

Mit Babys

Wenn Sie mal keine Lust auf „Alle meine Entchen" oder „Hoppe, hoppe Reiter" haben, ist dieser Aramsamsam-Singsang eine reizvolle Abwechslung. Singen Sie leise, nehmen Sie die Hände des Kindes in Ihre Hände und klatschen Sie mit sanften Bewegungen im Rhythmus des Liedes. Singen Sie mit deutlichen Mundbewegungen, denn das Kind wird Ihnen nicht nur aufmerksam zuhören, sondern genauso interessiert auf Ihren Mund schauen, um zu sehen und zu lernen, mit welchen Lippen- und Zungenbewegungen Sie diese Silben aussprechen.

Mit Kindern ab 2 Jahren

Wenn Sie mit nur einem Kind spielen, setzen Sie sich gegenüber. Machen mehrere Kinder mit, sitzen alle im Kreis.

Sie singen das Kinderlied und spielen gleich die Bewegungen dazu (siehe unten). Die Kinder schauen zu. „Noch einmal?", fragen Sie die Kinder. Na klar! Diesmal singen und spielen Sie ganz langsam, damit die Kinder die Silbenworte und Bewegungen gut verfolgen können. Vielleicht probieren die älteren Kinder gleich aus, ein paar Silben mitzusingen und eine Handbewegung mitzuspielen.

Animieren Sie die Kinder mit einem aufmunternden Zunicken zum Mitspielen. Wiederholen Sie das Lied so oft, wie es den Kindern Spaß macht. Mehr als zehnmal muss es allerdings nicht sein, denn dann lässt die Konzentration der Kinder nach und der Spielspaß geht verloren.

Geteilte Aufmerksamkeit: Sich gemeinsam auf die Partnerin, die Hände und das Lied konzentrieren

Spielanleitung

Aramsamsam, aramsamsam,	Mit den flachen Händen abwechselnd und im Takt auf die Oberschenkel patschen.
gulli gulli gulli gulli gulli	Abwechselnd mit den Fäusten gegen die Brust pochen.
ramsamsam.	Wieder mit den Händen auf die Oberschenkel patschen.
Arabi arabi,	Beide Arme hoch über den Kopf strecken.
gulli gulli gulli gulli gulli	Beide Arme mit zappelnden Fingern langsam bis zu den Oberschenkeln herunter führen.
ramsamsam.	Mit beiden Händen auf die Oberschenkel patschen.

Babys sind schon von Anfang an aufmerksame Beobachter

Tierlaute nachahmen

Lernziel: Silben hören, erkennen und zuordnen, differenziert aussprechen, sodass sie von den anderen Kindern erkannt werden
Zeit: 2–5 Minuten
Spielsachen: Schmusetiere oder Holztiere, die den Kindern vertraut sind

Mit Babys

Nehmen Sie ein oder zwei Schmusetiere des Kindes, z. B. den Schmusebär und den Wollevogel, und spielen Sie damit eine kleine Szene, z. B. so: Der Schmusebär bewegt sich auf das Baby zu, „brumm, brumm" brummelt er schmeichelnd und kuschelt sich an das Baby. Jetzt kommt der Wollevogel angeflogen, fliegt langsam in Sichtweite des Kindes hin und her, piepst vergnügt sein „Piep, piep" und landet vorsichtig auf dem Kinderbauch. Da brummt der Bär wieder und bewegt sich dabei, der Vogel antwortet piepsend und fliegt kurz auf und ab. So geht die Unterhaltung zwischen Bär und Vogel weiter, so lange, wie das Kind strampelnd seine Begeisterung über das Spiel zeigt. Ein andermal unterhält sich vielleicht die quakende Gummi-Ente mit dem bellenden Stoffhund.

Der Ausdruck „Tierlaut" ist allerdings nicht ganz korrekt, denn „muh", „wau-wau", „mäh", „kikeriki", „quak", „piep" oder „kräck-kräck" sind bereits Silben.

Mit Kindern ab 1 ½ Jahren

Sie sitzen mit den Kindern auf dem Boden, die Spieltiere liegen rundum, auch eine Katze ist dabei. Beginnen Sie das Spiel und miauen z. B. wie eine Katze „miau". Diesen Laut kennen die Kinder. „Wo ist denn die Katze?", fragen Sie und schauen sich um, als würden Sie die Katze suchen. Das verstehen die Kinder und suchen ebenfalls. Wer die Katze erwischt, wird sie hochhalten und Ihnen geben. Sie begrüßen die Katze, freuen sich, dass sie gefunden wurde, und lassen sie dann mit gespielten kleinen Schritten an einen neuen Platz trippeln. Danach könnte sich das blökende Schaf oder die muhende Kuh melden. Es dauert nicht lange und die Kinder spielen von sich aus mit und ahmen die Tierlaute, die Sie vormachen, nach.

Geräusche-Lotto

> **Lernziel:** Silben hören, erkennen, unterscheiden und zuordnen
> **Zeit:** 5 Minuten
> **Spielsachen:** Bilderbuch oder Spielkarten, auf denen Tiere oder Gegenstände abgebildet sind, die eindeutige Geräusche von sich geben, z.B. Memory-Karten, Lotto-Spielkarten oder selbstgebastelte Karten

Mit Kindern ab 2 Jahren

Die Kinder sitzen bei Ihnen, das Bilderbuch ist aufgeschlagen oder die Spielkarten sind ausgebreitet. Nehmen Sie anfangs nur zwei Spielkarten, bei der nächsten Spielrunde drei, später auch mal vier oder fünf. Sie zeigen auf ein Bild, benennen das Motiv und artikulieren lautmalerisch das dazu passende Geräusch oder den entsprechenden Tierlaut.

Beginnen Sie z.B. mit der Glocke und ahmen Sie dann das „Klingeling" nach. Sie fragen die Kinder: „Wo ist die Glocke?" Schnell werden sie auf das Bild der Glocke zeigen.

Sollte ein Kind anfangs zögern, weil es die Spielregel noch nicht verstanden hat, wiederholen Sie einfach das Spiel mit der Glocke mehrmals, bis das Kind reagiert und mitspielt.

1.4
Die ersten Wörter

Seine ersten Wörter gebraucht das Kind wie Sätze, es sind Ein-Wort-Sätze. In einem Wort ist die Aussage eines ganzen Satzes enthalten. „Ball?" könnte so ein Satz sein. Die Sprachmelodie verrät, dass es ein Fragesatz ist und übersetzt heißt: „Wo ist der Ball?". Würde das Kind lautstark „Ball!" rufen, hieße die Übersetzung dieses Satzes: „Ich möchte den Ball haben!".

Eines ist sicher: Das Kind versteht mehr, als wir vermuten, und mehr, als es mit seinen Worten zum Ausdruck bringt. Das können Sie an seinen Reaktionen beobachten. Wenn Sie zum Beispiel das Kind bitten: „Bringst du mir das Bilderbuch?", dann wird das Kind sich nach dem Buch umschauen, es holen und Ihnen überreichen.

> ⊚ *Sprachförderung*
>
> *In dieser Phase der Sprachentwicklung ist die beste Sprachförderung, dem Kind zu zeigen, dass Sie seine Sprache verstehen, dass Sie auf die Aussagen reagieren und mit dem Kind kommunizieren. So erfährt das Kind Ihre Zuwendung und Aufmerksamkeit, dies animiert zum Weiterreden. Mit Eifer wird es viele neue Wörter hören und lernen wollen und diese mit Begeisterung in seiner neu erworbenen Sprache anwenden.*

Wörter hören und lernen

Lernziel: *Gegenstände sehen, die Begriffe dazu hören und lernen*
Zeit: *2–3 Minuten*
Spielsachen: *alle Dinge im Zimmer*

Mit Babys
Ist das Baby munter und schaut interessiert umher, dann ist es bereit, die Umwelt kennenzulernen – und dies ist die beste Voraussetzung für dieses Spiel. Nehmen Sie das Kind auf den Arm und wandern Sie mit langsamen Schritten im Raum umher. Gehen Sie z. B. zum Fensterbrett, zeigen Sie auf die Blumen und sagen Sie: „Blumen. Das sind Blumen."

Sprechen Sie deutlich, zeigen Sie Ihr Interesse an den Blumen, wenden Sie sich dann mit Ihrem Gesicht dem Kind zu und wiederholen Sie Ihren Satz oder das Wort. Das Kind möchte nicht nur die Blumen sehen, sondern auch Sie beim Sprechen beobachten, auf Ihren Mund schauen, um zu sehen, wie Sie die Laute bilden. Wenn das Kind Sie anschaut, ist das zugleich die Aufforderung, noch einmal das Wort und den Satz auszusprechen. Wiederholen Sie Ihre Aussagen ein paarmal, mit gleicher Begeisterung und gleicher Intonation. Das Kind findet das gar nicht langweilig, sondern sehr interessant, will es doch diese neuen Wörter hören und lernen!

Gehen Sie mit langsamen Schritten weiter zu einem anderen Gegenstand, der Ihnen ins Blickfeld kommt, z. B. zum Teddy, der in der Ecke sitzt, oder zum Plastiklöffel, der auf dem Tisch liegen geblieben ist. Sagen Sie dem Kind, wie die Sachen heißen. Reden Sie keine weiteren unnützen Sätze. Wiederholen Sie immer nur das Wort, wenn Sie das Gefühl haben, dass das Kind dieses noch einmal hören möchte.

Nach kurzer Zeit ist das Spiel zu Ende. Wiegen Sie das Kind vielleicht noch ein klein Weilchen im Arm, sodass es mit guten Gefühlen die neuen Worte verarbeiten kann.

Mit Kindern ab 2 Jahren

Wenn die Kinder wartend am Tisch sitzen, dann ist das Spiel gerade richtig. Setzen Sie sich dazu und beginnen Sie das Gespräch mit der Frage: „Wisst ihr, wie das heißt?" Dabei zeigen Sie auf einen Gegenstand, z.B. auf den Becher. Wer den Begriff weiß, sagt ihn. „Ja, das ist ein Becher", antworten Sie und sprechen dabei klar und deutlich, sodass die anderen Kinder, die das Wort noch nicht kennen, es gut hören. Machen Sie jetzt nicht den Fehler und lassen Sie die Kinder den Begriff wiederholen. Die Kinder haben aufmerksam zugehört, ein Nachsprechen passt nicht zu dem Spiel und langweilt nur. Zeigen Sie danach auf einen anderen Gegenstand und nennen Sie den Begriff, z.B. „Löffel. Das ist ein Löffel." Zeigen Sie nacheinander auf alle möglichen Sachen, die auf dem Tisch liegen, und sagen Sie den Kindern, wie die Dinge heißen.

Wenn Sie spaßig aufgelegt sind, könnten Sie auch einmal die Worte vertauschen, z.B. zum Löffel greifen und fragen: „Ist das der Becher?" Da kichern die Kinder und werden sicher gleich lautstark „Löffel!" rufen. Wenn nicht, antworten Sie selber: „Nein! Das ist der Löffel. Löffel!"

Ein andermal ist der Ort des Spiels das Puppenhaus oder die Spielzeugkiste mit den Holztieren oder der Kinder-Kaufladen.

Sachen benennen

> **Lernziel:** Gegenstände sehen, suchen, benennen, Wortschatzerweiterung
> **Zeit:** 2–5 Minuten
> **Spielsachen:** alte Handtasche, viele unterschiedliche kleine Dinge

Mit Kindern ab 2 Jahren

In einer Handtasche zu wühlen ist für Kinder ein spannendes Spiel, das nur selten erlaubt ist. Doch diesmal ist die Handtasche extra mit vielen Sachen gefüllt, die die Kinder herausnehmen und anschauen können, z.B. Handspiegel, Kamm, Bürste, Serviette, Spielzeugauto, Holztier, Quietsch-Ente, Murmel, Kieselstein, Tannenzapfen, Plastiklöffel, Papierknäuel.

Das Spiel geht so: Sie überreichen den Kindern die Handtasche mit der Aufforderung: „Schaut mal nach, was da drin ist!" Immer, wenn die Kinder einen Gegenstand herausholen, sagen Sie, wie dieser heißt. Zum Schluss werden alle Sachen wieder einzeln in die Tasche zurückgesteckt, dabei wiederholen Sie, wie die Dinge heißen, z.B. mit diesen Worten: „Jetzt kommt das Papierknäuel in die Tasche!"

Nach ein paar Tagen ist die Handtasche mit anderen Sachen gefüllt. Vielleicht sind auch mal Kekse oder Gummibärchen oder getrocknete Apfelringe dabei, das dürfen die Kinder natürlich aufessen.

Wortschatz-Erweiterung

Lernziel: *Gegenstände anschauen, benennen, Wortschatzerweiterung*
Zeit: *4–5 Minuten*
Spielsachen: *Alltagsgegenstände*

Mit Kindern ab 2 Jahren
Sammeln Sie fünf bis zehn Gegenstände, die gerade greifbar sind, z. B.

- Dinge vom Schreibtisch wie Radiergummi, Stift, Lineal, Notizblock, Büroklammer oder
- Dinge aus der Küche wie Kochlöffel, Schüssel, Sieb oder
- Dinge aus dem Bad wie Seife, Waschlappen, Wäscheklammer, Zahnbürste, Kamm oder
- Bastelsachen wie Papprolle, Klebetube, Knetekugel, Kinderschere ...

Die gesammelten Schätze breiten Sie auf dem Tisch oder Boden aus. Das weckt das Interesse der Kinder. Wer jetzt mitspielen will, setzt sich dazu.

Erste Spielrunde: Sie zeigen auf einen Gegenstand und fragen: „Was ist das?" Wer es weiß, wird den Begriff gleich sagen. Sie wiederholen dennoch das Wort und erklären in einem Satz, was man damit macht, z. B. „Mit der Wäscheklammer klemme ich Wäsche an die Leine" oder „Mit dem Kamm kämme ich meine Haare". Wenn die Kinder den Gegenstand nicht benennen können, verraten Sie das Wort und beschreiben in einem Satz, was man damit macht.

Zweite Spielrunde: Sie zeigen auf einen der Gegenstände. Jetzt wissen die Kinder, wie dieser heißt, und sind stolz, dass sie ihn benennen können.

Dritte Spielrunde: Sie fragen nach den Gegenständen, z. B. mit den Worten: „Paulina, gib mir die Papprolle!". Haben Sie alle Dinge bei sich gehortet, könnte das Spiel so weitergehen: „Julius, nimm die Papprolle und leg sie in die Mitte". Es kommt ganz auf die Spiellaune an, wie lange Sie das Spiel fortsetzen wollen und wie lange die Kinder interessiert mitmachen.

Kinder spielen und spielen und spielen

Wort-Klang

Mit Kindern ab 2 Jahren

Kinder sind aufmerksame Zuhörer, wenn ihnen Kindergedichte und Kinderreime vorgetragen werden. Es ist der Klang der Reimworte und der gleichmäßige und nachvollziehbare Sprachrhythmus, was ihnen so gut gefällt. Unabhängig davon, ob sie jedes Wort verstehen oder nicht, sie genießen Gedichte und sind beim Zuhören still, ruhig und konzentriert.

Tragen Sie Gedichte dann vor, wenn die Kinder sich ausgetobt und Lust darauf haben, von Ihnen etwas erzählt zu bekommen. Die Kuschelecke im Gruppenraum oder die schattige Bank im Garten sind für dieses Spiel der beste Platz.

Die nachfolgenden Gedichte und Spielreime gefallen den Kindern erfahrungsgemäß sehr. „Noch einmal!", werden sie rufen und gleich darauf „Noch einmal!". Machen Sie mit und – wenn auch Sie Lust darauf haben – tragen Sie das Gedicht ein paarmal vor. Doch nach drei oder vier Wiederholungen sollte Schluss sein, damit der Reiz des Gedichtvortrags erhalten bleibt und nicht verflacht.

Die Hexe Krimskrawall

Das ist die Hexe Krimskrawall.
Das ist der Räuber Überfall.
Das ist der Dieb Nimmallesmit.
Das ist der Lausbub Gibnentritt.
Da kommt der kleine Klitzeklein
und sperrt alle wieder ein.

Fingerspiel dazu: Die Finger einer Hand hochhalten und einzeln antippen, mit dem Daumen als Hexe Krimskrawall beginnen. Der kleine Finger ist der Klitzeklein, der alle Finger einsperrt, dabei schließen Sie die Hand zur Faust.

Morgens früh um sechs

Morgens früh um sechs
kommt die kleine Hex;
morgens früh um sieben
schabt sie gelbe Rüben;
morgens früh um acht
wird der Kaffee gemacht;
morgens früh um neune
geht sie in die Scheune;
morgens früh um zehne
holt sie Holz und Späne;
macht Feuer an um elfe,
kocht dann bis um zwölfe
Frösche, Krebs und Fisch.
Kinder, kommt zu Tisch!

(Anonym)

Kennst du den großen Elefanten

Kennst du den großen Elefanten,
du weißt, den Onkel von den Tanten,
den ganz ganz großen, weißt du, der –
der immer so macht, hin und her.
Der lässt dich nämlich vielmals grüßen,
er hat mit seinen eig'nen Füßen
hineingeschrieben in den Sand:
Grüß mir Sophiechen Windelband.
Du darfst mir ja nicht drüber lachen.
Wenn Elefanten so was machen,
so ist dies selten, meiner Seel!
Weit seltner als bei dem Kamel.

(Christian Morgenstern)

Spiel: Statt Sophiechen den Namen des Kindes einsetzen.

Ringel, rangel, ratze

Ringel, rangel, ratze,
wir tanzen mit der Katze.
Da kommt der Hund gelaufen
und rennt uns übern Haufen.

Bewegungsspiel dazu

Ringel, rangel, ratze   in die eigenen Hände klatschen
wir tanzen mit der Katze.   auf die Schenkel patschen
Da kommt der Hund gelaufen   mit den Füßen stampfen
und rennt uns übern Haufen.   die Hände umeinander drehen

1.5
Die ersten Sätze

Zuerst besteht ein Satz, den das kleine Kind selber formuliert, aus zwei Wörtern. Doch bald wagt das Kind sich an Sätze mit drei, vier oder fünf Wörtern heran. Dabei reiht es in wechselnder Reihenfolge die Substantive und Verben aneinander und beobachtet, wie die Erwachsenen darauf reagieren und die Aussage verstehen. Ein Beispiel mit dem Satz „Lilli möchte Schokolade haben": Zuerst sagt das Kind den Satz „Lilli Lade!", daraus wird „Lilli Lade metze!" und etwas später „Lilli metze Lade!" Wenn Lilli den richtigen Satz immer wieder von Erwachsenen hört, kann sie schließlich den Satz korrekt aussprechen.

Das Kind versteht noch nicht alles, was wir mit unseren Sätzen in der Erwachsenensprache ausdrücken. Dennoch wird es Ihren Sätzen mit neuem Interesse zuhören, weil es diese Sprache lernen möchte.

---

⑥ *Sprachförderung*

Das Kind merkt, dass es beim Gebrauch von Mehr-Wort-Sätzen von anderen besser verstanden wird. Sogar fremde Personen wenden sich ihm aufmerksam zu und antworten ihm. Das spornt die Lust aufs Sprechen an. Sprachförderung heißt jetzt, dass Sie sich mit dem Kind immer wieder ein kleines Weilchen unterhalten und ihm Gelegenheit zum Sprechen geben. Zeigen Sie dem Kind auch Ihre Freude und Begeisterung über das, was das Kind sprachlich zum Besten gibt. Mit Ihrem Ausruf „So lange Sätze kannst du sagen!" spornen Sie das Kind an, weiterzusprechen und mit vielen Worten auszudrücken, was es sagen will. Ist ein Satz des Kindes einmal besonders gut gelungen, sind Ihre bewundernden Worte, wie z.B. „Da hast du einen schönen Satz gesagt!", eine besondere Belohnung. So macht Sprachelernen Spaß!

---

⑥ *Die neue Selbständigkeit*

Mit drei Jahren hat das Kind meist die Grundstrukturen der Sprache gelernt. Es spricht in ganzen Sätzen und ist bemüht, sich grammatisch richtig auszudrücken, es setzt Singular- und Pluralwörter ein und hat ein Sprachgefühl für Sätze in Gegenwart und Vergangenheit. Das Kind bewältigt schwierige Artikulationen immer besser, weil seine Mundmotorik mittlerweile gut trainiert ist. Es ist auch in seiner Persönlichkeitsentwicklung weit vorangekommen, erlebt sich als eigenständige Person und kann deshalb Ich-Sätze formulieren. Sein Wissensbedürfnis ist groß. Es ist neugierig, wie man die vielen Dinge der Welt benennt, warum es sie gibt und wie sie funktionieren.

Sätze hören

....

Lernziel:	Sätze hören, Sprache erleben und das begleitende Handeln dazu beobachten
Zeit:	jederzeit

Mit allen Kindern

Begleiten Sie Ihre Handlungen mit Sprechen. Wenn Sie das Kind z. B. wickeln, baden, abtrocknen, anziehen, ihm die Hände waschen, es mit Brei füttern oder ihm etwas zum Trinken geben, dann erzählen Sie ihm in deutlichen und verständlichen Worten, mit liebevoller Stimme und einfachen Sätzen, was sie machen. Auch wenn das Kind nicht alles versteht, so wird es dennoch aufmerksam ihren Worten lauschen.

Auch später, wenn das Kind gelernt hat, Ein- und Mehr-Wort-Sätze zu formulieren, wird es aufmerksam zuhören, was Sie sagen. Der Spielort ist überall und die Spielzeit jederzeit.

ⓖ Ganze Sätze sagen

„Ball?", sagt das Kind zu Ihnen. Diesen Ein-Wort-Satz verstehen Sie, das Kind sucht den Ball. Zeigen Sie deshalb mit aufmunternder Mimik, dass Sie das Kind verstehen. Danach formulieren Sie den Ein-Wort-Satz als ganzen Satz, z. B.: „Ja, wo ist denn der Ball?" So fühlt sich das Kind verstanden, in seiner Sprache ernst genommen und hört zugleich, wie der Satz auch heißen könnte. Niemals hinzufügen: „So heißt der ganze Satz!" oder ähnliche Kommentare. Solche besserwissende Aussagen betrüben die Freude und den Lerneifer des Kindes, sich in seiner Sprache der Ein-Wort-Sätze auszudrücken. Führen Sie einfach das Gespräch weiter, z. B. „Komm, wir suchen den Ball gemeinsam!" oder „Ich sehe den Ball, er liegt dort in der Ecke!"

Kurze Sätze sprechen

Lernziel: reden, verstehen, reagieren
Zeit: 5 Minuten
Spielsachen: Pappkrone und alles, was rundum liegt

Mit Kindern ab 2 ½ Jahren

Basteln Sie aus Bastelkarton eine Krone. Wenn die Kinder wollen, bemalen Sie die Krone oder bekleben Sie sie mit kleinen Bastelsachen wie Federn, Glitzersteinen, Papierschnipseln.

Wer mitspielen will, kommt in den Kreis. Sie setzen sich die Krone auf und schauen sich nach einem Gegenstand um, der in der Nähe liegt, z. B. einem Spielzeugauto. Dann bitten Sie ein Kind, Ihnen das Auto zu bringen. Hat das Kind Ihre Bitte verstanden, holt es das Spielzeug und überreicht es Ihnen. Sie bedanken sich und legen das Auto in die Mitte des Spielkreises. Danach fordern Sie ein anderes Kind auf, Ihnen einen Gegenstand zu bringen. Die Kinder verstehen schnell die Spielregel und Sie können nach zwei Spielrunden Ihre Krone einem Kind aufsetzen. Jetzt ist dieses Kind König oder Königin und lässt sich von einem Mitspieler etwas bringen. Die Krone wird reihum weitergegeben.

Nach zwei bis drei Minuten ist Aufräumen der zweite Teil des Spiels. Sie beginnen, setzen sich die Krone auf, nehmen das Auto und bitten ein Kind, dieses wieder zurückzulegen. Gesagt, getan, bekommt ein anderes Kind die Krone aufgesetzt und spielt weiter. Das Spiel ist zu Ende, wenn alle Sachen wieder an Ort und Stelle liegen.

Reden und verstehen

Lernziel: hören, verstehen, antworten
Zeit: 5 Minuten
Spielsachen: Spiel- oder Bastelsachen, die den Kindern bekannt sind

Mit Kindern ab 2 ½ Jahren

Die Kinder sitzen auf dem Boden oder rund um einen Tisch. Sie legen vor den Augen der Kinder vier oder fünf Gegenstände in die Mitte und benennen sie, z. B.: „Das ist ein Malpinsel!"

Sind alle Sachen genannt, beginnt das Ratespiel: Sie erklären, was Sie mit einem der Gegenstände machen können, und die Kinder raten, von welchem Gegenstand die Rede ist, z. B. „Ich rühre damit in einem Farbtopf und male dann damit auf ein Blatt Papier einen dicken Klecks. Was ist es?" So geht das Spiel weiter, bis alle Gegenstände beschrieben wurden.

Wenn die Kinder das Spiel mehrmals mit Ihnen gespielt haben, brauchen Sie nicht mehr alle Gegenstände anfangs benennen. Vielleicht hat ein Kind Lust, selber Spielleiter zu sein und einen Gegenstand zu beschreiben? Eine spannende Herausforderung für sprachbegabte Kinder.

Singular und Plural

> **Lernziel:** Einzahl und Mehrzahl unterscheiden, Pluralwörter lernen
> **Zeit:** 5 Minuten
> **Spielsachen:** Memory-Karten

Mit Kindern ab 2 ½ Jahren
Erste Spielrunde: Fünf bis zehn Kartenpaare liegen bunt gemischt auf dem Tisch. Anders als beim Memory-Spiel sind die Bildmotive zu sehen. Sie zeigen auf eine Karte, z. B. einen Apfel, und fragen ein Kind: „Das ist ein Apfel! Wo ist der andere Apfel?" Das Kind zeigt natürlich blitzschnell auf die zweite Karte. Wie eine Moderatorin führen Sie das Gespräch fort: „Nimm die beiden Karten mit den Äpfeln!" Und genau das ist es, worauf es ankommt: dass Sie einen Satz sagen, in dem das Pluralwort enthalten ist.

Zweite Spielrunde: Die Kinder drehen alle Karten um und spielen jetzt nach den bekannten Spielregeln des Memory-Spiels: Kartenpaare suchen. Ein Kind beginnt und Sie kommentieren sein Spiel wie ein Reporter mit Worten, z. B.: „Das ist eine Blume!" – „Ja, jetzt hast du zwei Blumen!" oder „Das ist der Hase!" – „Jetzt hast du beide Hasen gefunden!"

Bald ändern Sie Ihre Gesprächsführung und fragen die Kinder nach den Bildern, z. B. mit Fragen wie: „Was ist auf der Karte zu sehen?", „Wie viel Autos siehst du jetzt?" Das Ziel ist, mit Ihren Fragen die Kinder zu Sätzen zu verleiten, die zunächst das Singularwort und – wenn das Kartenpaar gefunden ist – ein Pluralwort enthalten.

Spielen – und lachen

Erste Gespräche

> **Lernziel:** positive Erfahrungen bei Gesprächen sammeln, Anerkennung
> spüren und Zuwendung erleben
>
> **Zeit:** 3 Minuten

Ab 3 Jahren

Wenn das Kind einen ausreichend großen Wortschatz erworben hat, schon kleine Sätze formulieren kann und viele Warum-Fragen stellt, dann ist es so weit: Es möchte am liebsten den ganzen Tag mit Ihnen reden! Jetzt kommt es darauf an, welche Erfahrungen das Kind mit seinen ersten Gesprächen macht. Wird es verstanden? Hören Sie ihm zu? Reagieren Sie und antworten Sie. Sprechen Sie mit dem Kind in einfachen Sätzen, stellen Sie Fragen, zeigen Sie, dass Sie an seinen Worten und Gedanken interessiert sind und gerne mit ihm reden. Das Kind braucht diese positive Bestätigung für sein Bemühen um Kommunikation.

---

⑤ *Vier goldene Regeln für Gespräche mit Kindern*

1. Zeigen Sie dem Kind, dass Sie seine Äußerung verstehen, auch wenn seine Sätze grammatisch und semantisch noch nicht perfekt sind. Nehmen Sie das Kind und seine Äußerungen ernst, reagieren Sie darauf. So macht das Kind positive Erfahrungen im Gespräch mit Ihnen.

2. Zeigen Sie Ihre Begeisterung, wie gut sich das Kind ausdrücken kann, bewundern Sie das Sprachbemühen des Kindes.

3. Ist ein Satz des Kindes fehlerhaft, wiederholen Sie einfach den Satz und setzen die richtige Formulierung ein, ohne viel Aufhebens und ohne den Unterton einer Belehrung. Schließen Sie gleich eine Frage oder eine Antwort an, damit das Gespräch weitergeht. Auf diese Weise wird das Gespräch nicht unterbrochen, löst keine unangenehmen Gefühle aus, die Freude an der Unterhaltung bleibt erhalten. Darauf kommt es an.

4. Warten Sie in Ruhe und mit Mimik aufmerksam ab, bis das Kind alles gesagt hat, was es sagen will. Ergänzen Sie nicht die halben oder unvollständigen Sätze des Kindes, indem Sie dessen Satz fortführen und das Kind im doppelten Sinne des Wortes „bevormunden". Lassen Sie dem Kind alle Zeit der Welt, bis es selbst seinen Satz zu Ende bringt.

Ganze Sätze sprechen

Lernziel: hören, reagieren, reden, erklären
Zeit: 3 bis 5 Minuten
Spielsachen: Korb oder Tasche, viele interessante Gegenstände

---

Mit Kindern ab 3 Jahren

Sammeln Sie in einem Korb fünf oder mehr Sachen, die interessant aussehen und einen guten „Gesprächsstoff" geben, z.B. eine Knetkugel, ein Puppenkleid, eine Kinderschere, einen Kochlöffel und ein Lineal. Sie setzen sich und wer mitspielen will, kommt dazu.

Sie holen aus dem Korb das Puppenkleid und fragen verwundert: „Was ist denn das? Ein Hut? Ein Schuh?" Und kichernd werden die Kinder Ihre Frage beantworten, vielleicht sogar alle gleichzeitig und durcheinander. Das ist erlaubt, denn es ist die beste Animation zum Mitmachen. Sie fragen danach die Kinder einzeln. Wenn ein Kind nur mit einem Wort, z.B. „Puppenkleid!" antwortet, wiederholen Sie bestätigend seine Aussage, allerdings mit einem ganzen Satz: „Ja, das ist ein Puppenkleid!" Das Kind braucht Ihren ganzen Satz nicht zu wiederholen, es hat ihn ja gehört und wird vielleicht das nächste Mal als Antwort einen ganzen Satz sagen. Wenn nicht, vielleicht das übernächste Mal.

Verwickeln Sie danach die Kinder in ein kurzes Gespräch, in dem Sie z.B. fragen: „Was kann ich mit diesem Puppenkleid machen?" Die Kinder antworten, was ihnen in den Sinn kommt, z.B.: „Puppe anziehen." Und wieder antworten Sie bestätigend und mit einem ganzen Satz: „Ja, das Puppenkleid kann ich der Puppe anziehen!" Eine andere Antwort der Kinder könnte heißen: „In die Puppenecke!", dann antworten Sie vielleicht: „Auch das ist eine gute Idee, ich kann das Puppenkleid in die Puppenecke legen."

Hat jeder, wer will, etwas gesagt, nehmen Sie einen neuen Gegenstand aus dem Korb und setzen das Unterhaltungsspiel auf gleiche Weise fort. Machen Sie ab und zu verrückte Quatsch-Aussagen, das spornt die Kinder zum Mitreden an, weil sie es ja besser wissen.

Spannend ist das Spiel mit unbekannten Gegenständen. Dann raten die Kinder, was es sein könnte und erst zum Schluss erklären Sie, was es ist und was man damit macht.

---

⑨ *Keine Zeit für Gespräche?*

Sprechen lernt das Kind nur im sozialen Kontext, im Gespräch mit anderen, die mit ihm reden, denen es zuhört, die es beim Sprechen anschauen kann. Doch in vielen Familien gibt es keine Zeit und keinen Anlass mehr für Gespräche miteinander. Fernsehen, Radio, Internet und Handygespräche ersetzen die Unterhaltung. Bei diesen Medien nimmt das kleine Kind die Sprache nur als lärmende Geräuschkulisse wahr, weil es nicht persönlich angesprochen wird. Das kann zu Störungen der Sprech- und Sprachentwicklung des Kindes führen. Was tun?

Wenn Sie mit dem Kind sprechen, versichern Sie sich, dass das Kind Ihnen gegenüber aufmerksam ist und Sie anschaut. Erzwingen Sie diese Aufmerksamkeit nicht mit Sätzen wie „Schau mich an, wenn ich mit dir rede!", sondern werben Sie um Interesse, z.B. so: „Du, ich möchte dir etwas sagen. Magst du mir zuhören?"

Überschütten Sie das Kind nicht mit zu viel Text. Sprechen Sie langsam und mit kurzen Sätzen. Setzen Sie beim Sprechen auch Ihre Mimik und Gestik klar und deutlich ein (mehr dazu in Kapitel 3.2).

Miteinander reden

....

Lernziel:	zuhören, antworten, reden, verstehen
Zeit:	3–5 Minuten

Mit Kindern ab 3 Jahren

Manches dreijährige Kind ist bereits mit einem reichen Wortschatz ausgestattet, kann ganze Sätze formulieren, kann erzählen, was es erlebt hat, was ihm gefällt und nicht gefällt. In dieser Phase des Spracherwerbs und Sprechenlernens kommt es darauf an, dass das Kind mit seinen Gesprächen viele gute Erfahrungen macht. Dazu gehört, dass der andere interessiert zuhört, antwortet oder weiterfragt. Und der „andere" sind in diesem Fall Sie!

Nehmen Sie sich für diese sprach- und sprechbegeisterten Kinder täglich ein klein wenig Zeit für Einzelgespräche, in denen Sie auf das Sprachvermögen des Kindes eingehen, ihm zuhören, mit ihm sprechen, ihm Fragen stellen, sodass es etwas erzählen kann. Schauen Sie das Kind bei diesem Gespräch aufmerksam an und zeigen Sie ihm mit Ihrer Mimik und Gestik ihre Zuwendung und Anerkennung. Das ist die beste Förderung, die Sie jetzt dem Kind geben können.

Überblick über die Sprachentwicklung des Kindes

Diese Aufstellung dient nur der ersten, allgemeinen Orientierung. Jedes Kind hat sein eigenes Lerntempo, was nichts mit der Intelligenz des Kindes zu tun hat. Auch Albert Einstein war als Kind ein „Langsam-Lerner".

Geburt	Kaum auf der Welt, nimmt das kleine Kind schon die sprachlichen Äußerungen der Eltern wahr. Es hört und beachtet die Laute, die Sprachmelodie und den Sprachrhythmus. Später brabbelt es unterschiedliche und teilweise recht komplizierte Laute (erste Lallphase, kraa, örre) vor sich hin.
½ Jahr	Das Kind plappert einzelne Silben, Doppelsilben und später lange Silbenketten (zweite Lallphase, dadada, gagaga) im Rhythmus und Tonfall der Sprache, die es hört.
¾ Jahr	Das Kind benützt gerne Doppelsilben (mama). Wenn die Eltern darauf reagieren, lernt das Kind, sinnreiche Wörter von sinnlosen Silbenketten zu unterscheiden und anzuwenden.
1 Jahr	Das Kind spricht die Silben der Muttersprache in unterschiedlicher Modulation aus und teilt damit seine Stimmung und seine Gefühle mit. Es spricht einzelne Wörter (Protowörter), die es oft hört, z.B. Mama, Papa, Wauwau, Ball.
1½ Jahre	Das Kind bildet Zwei-Wort-Sätze und stellt Fragen wie „Papa wohin?"(erstes Fragealter). Es versteht viele Worte, auch wenn es diese noch nicht ausspricht. Sein Wortschatz nimmt zu, die Sätze werden länger, es übt sich darin, Verben zu beugen und Pluralwörter zu bilden.
2 Jahre	Das Kind redet in einfachen Sätzen. Es lernt schnell neue Wörter und Satzformen und versteht auch kompliziertere Aussagen der Erwachsenen.
3 Jahre	Das Kind führt gerne ausgiebige Gespräche mit Erwachsenen und stellt viele Warum-Fragen. Sein grammatisches Sprachvermögen nimmt zu und es gebraucht die meisten Wörter richtig.
4 Jahre	Das Kind spricht in vollständigen Sätzen und beherrscht die grammatischen Grundregeln. Es versteht abstrakte Aussagen und Sachverhalte, die nur mit Worten beschrieben werden. Der Wortschatz nimmt täglich zu.
6 Jahre	Der Grundwortschatz ist aufgebaut. Das Kind ist wissbegierig und möchte viel lernen. Es ist besonders an Fachbegriffen aus den unterschiedlichsten Sachgebieten interessiert.

2.
Die Ausprache

Beim *Sprachelernen* geht es um Wörter, Grammatik und Redewendungen, die in Verbindung mit den Wahrnehmungen des Kindes im Gehirn gespeichert werden.

Das *Sprechenlernen* ist ein anderer Prozess. Der Sprachschatz, der in der Gehirn-„Datei" gespeichert ist, steht zwar zur Verfügung, kommt aber erst unter dem Einsatz von Atemluftdruck, Stimmbänderschwingungen, Mund- und Zungenbewegungen als gesprochene Sprache wieder zum Vorschein – was mit dem Wort „Aus-Sprache" treffend formuliert ist. Das Sprechen ist also ein besonderes Kunststück, das die Kinder extra üben, um es gut zu beherrschen.

2.1

Das Atmen

Zum Sprechen brauchen wir Luft: Atemluft. Wenn wir beim Reden nur Lippen und Zunge bewegen würden, wäre kein Wort zu hören. Wir brauchen den Luftstrom, der die Stimmbänder zum Schwingen bringt und die Stimme ertönen lässt. Allerdings kommt es auf die richtige Dosierung des Luftstroms an, damit die Worte stimmen – im doppelten Sinne des Wortes „stimmen". Wer nicht richtig ein- und ausatmet, zu wenig oder zu heftig, hat Probleme mit dem Sprechen, verschluckt Endsilben oder presst unverständliche Sätze heraus. Und wer völlig „außer Atem ist", kann kaum ein Wort verständlich sagen. Der einzige Trick, der dann noch hilft, ist, dreimal tief ein- und ausatmen, und schon gibt es wieder ausreichend Atemluft zum Sprechen.

> ⊚ *Sprechförderung*
>
> *Atemspiele unterstützen die Kinder darin, dass sie ihren Atem bewusst wahrnehmen, dass sie spüren, wie beim Einatmen die Luft in den Körper eingesogen und beim Ausatmen die Luft durch den Mund wieder herausgepustet wird. Sie lernen, ihr Ein- und Ausatmen gezielt zu steuern, ihren Luftstrom zu verstärken oder zu stoppen, schnell oder langsam werden zu lassen, mal mehr und mal weniger Luft ein- oder auszuatmen. Diese Atemtechniken werden beim Sprechen gebraucht. Es ist sinnvoll, mit Kindern diese Steuerung des Atems spielerisch zu üben, und ein wichtiger Beitrag zur Sprecherziehung.*

Tief einatmen

> *Lernziel:* bewusst und tief einatmen
> *Zeit:* 1 Minute

Mit Babys

Nehmen Sie das Kind auf den Arm, stellen Sie sich ans geöffnete Fenster und atmen Sie ein paarmal ruhig und tief ein und aus. Erzählen Sie danach dem Kind, was sie gemacht haben und wie Ihnen diese frische Luft gut tut. Auch wenn das Kind nicht alle Ihre Worte wörtlich versteht, so wird es dennoch erkennen, dass Sie etwas Wichtiges machen. Das Baby wird Sie ganz bestimmt aufmerksam beobachten und vielleicht beim nächsten Mal versuchen, Sie ein klein wenig nachzuahmen.

Mit Kindern ab 1 ½ Jahren

Nach einem Regenguss ist die Luft draußen frisch und sauber. Öffnen Sie die Fenster und atmen Sie tief durch – vorausgesetzt, Sie sind nicht an einer verkehrsreichen Straße. „Wollt ihr auch die frische Luft riechen?", fragen Sie und animieren die Kinder so zum Mitmachen. Stellen Sie sich miteinander ans Fenster und schnuppern die frische Luft. Nehmen Sie zwei oder drei tiefe Atemzüge, das genügt. Wer übertreibt, dem könnte schwindelig werden.

Besser noch ist dieses Atemspiel bei einem Waldspaziergang. Bleiben Sie stehen, machen Sie die Kinder auf die klare, feuchte Waldluft aufmerksam und atmen Sie miteinander dreimal tief durch.

Lange Töne summen

> *Lernziel:* bewusst atmen, den Luftstrom gezielt einsetzen
> *Zeit:* 2 Minuten

Mit Kindern ab 2 Jahren

Wenn Sie mit einem oder mehreren Kindern in der Kuschelecke sitzen, dann ist das eine gute Gelegenheit für dieses Spiel. Beginnen Sie einfach und summen Sie einen langen Ton. „Könnt ihr auch so einen langen Ton summen?", fragen Sie die Kinder. Diese Frage ist gleichzeitig die Aufforderung, ein gemeinsames Summkonzert zu veranstalten. Atmen Sie vor jedem neuen Summton übertrieben ein, damit die Kinder sehen, dass Sie viel Luft holen, um diesen langen Summton zum Klingen zu bringen. Achtung, nur drei lange Töne summen – was zugleich heißt, nur dreimal tief einzuatmen. Mehr nicht, damit es niemand schwindlig wird.

2.2
Die Modulation

Die Modulation ist die Musik der Sprache und setzt sich zusammen aus Melodie, Lautstärke und Betonung. Die Worte sind gleich, doch die Sprachmusik sehr unterschiedlich, und je nachdem vermitteln die Worte eine andere Botschaft.

⊚ *Sprachmelodie*

Die Sprachmelodie macht deutlich, ob das Gesagte z. B. ein Ausruf oder eine Frage ist. Dazu ein Beispiel: Wenn Sie fröhlich den Namen Paulina rufen, weil Sie sich freuen, Paulina zu sehen, dann klingt das anders, als wenn Sie verärgert nach Paulina rufen oder entsetzt den Namen aussprechen oder verängstigt nach Paulina fragen oder lachend Paulina beim Namen nennen, weil sie wie ein Kasperl lustige Faxen macht.

Beim Aussprechen des Wortes bzw. Namens kommt es also auf die Sprachmelodie an. Wie die Kinder diese Sprachtechnik beachten und trainieren können, das zeigen die nachfolgen Spiele. Sie tragen zur Sprach- und Sprechförderung auf besondere Weise bei.

⊚ *Betonung im Satz*

Je nachdem, welches Wort im Satz durch die Betonung hervorgehoben wird, verändert sich die Aussage. Dazu ein Beispiel:
- ***Ich** setze mich auf diesen Stuhl – und niemand anders.*
- *Ich **setze mich** auf diesen Stuhl – und bleibe nicht davor stehen.*
- *Ich setze mich **auf** diesen Stuhl – und nicht dahinter.*
- *Ich setze mich auf **diesen** Stuhl – und nicht auf einen anderen Stuhl.*
- *Ich setze mich auf diesen **Stuhl** – und nicht auf das Sofa.*

Sprach-Rhythmus klatschen

Lernziel: Sprachrhythmen hören und mit Bewegungen nachempfinden
Zeit: 1 Minute
Spielsachen: lustiger Kinderreim, Kissen oder Decke

Mit Kindern ab 1 Jahr

Sprechen Sie einen Spielreim oder singen Sie ein Kinderlied und klatschen dabei im Rhythmus von Sprache und Melodie in Ihre Hände. Klatschen Sie leise und mit langsamen Bewegungen, die das Kind mit seinen Augen verfolgen kann. Da hört und schaut es aufmerksam zu. Auch wenn das Baby nur wenige Worte versteht, wird es den Sprachrhythmus aufnehmen. Darauf kommt es an.

Nach zwei oder drei Wiederholungen nehmen Sie die kleinen Kinderhände in Ihre Hände und sie klatschen gemeinsam zum Lied oder Reim. Wie oft? Eine Minute genügt, weitere Wiederholungen gibt es ein andermal.

Zehn kleine Zappelmänner

Zehn kleine Zappelmänner
zappeln hin und her.
Zehn kleine Zappelmänner
finden's gar nicht schwer.
Zehn kleine Zappelmänner
zappeln auf und nieder.
Zehn kleine Zappelmänner
tun das immer wieder.
Zehn kleine Zappelmänner
zappeln rings herum.
Zehn kleine Zappelmänner
scheint das gar nicht dumm.
Zehn kleine Zappelmänner
spielen gern Versteck.
Zehn kleine Zappelmänner
sind auf einmal weg.

Spiel: Im Sprachrhythmus klatschen oder patschen, zum Schluss die Hände des Kindes loslassen und die eigenen Hände hinter dem Rücken verstecken.

Mit Kindern ab 2 Jahren

Ziehen Sie ein dickes Kissen heran oder eine zu-
sammengefaltete Decke. Dann beginnen Sie das
Spiel, sprechen oder singen einen Kinderreim und
patschen im Sprach-Rhythmus mit beiden Händen
auf die Unterlage. Da braucht es keine weiteren Erklärungen, denn die Kinder wollen gleich mitspielen.

Es kommt nicht darauf an, dass die Kinder den
Reim mitsprechen. Nur wer will, der darf. Und
wenn manche Kinder anfangs sich nicht im richtigen Sprech-Rhythmus bewegen, macht das auch
nichts. Sprechen und spielen Sie einfach weiter,
wiederholen Sie das Spiel mehrmals und nicken
Sie dem Kind aufmunternd zu. Irgendwann wird es
klappen und dann macht es den Kindern richtig
Spaß, miteinander im Sprachrhythmus zu klatschen oder zu patschen.

*Balance halten und dabei
mitklatschen*

Da oben auf dem Berge

*Da oben auf dem Berge,
eins, zwei, drei,
da tanzen kleine Zwerge,
eins zwei drei.
Da unten auf der Wiese,
eins zwei drei,
da sitzt ein großer Riese,
eins zwei drei.*

Bewegungsspiel

Da oben auf dem Berge	die Arme in die Höhe strecken und mit den Fingern zappeln
eins zwei drei,	beiden Händen auf das Kissen patschen
da tanzen kleine Zwerge,	mit den Fingern zappeln
eins zwei drei.	mit den Händen patschen
Da unten auf der Wiese,	die Arme nach unten strecken
eins zwei, drei,	mit den Händen patschen
da sitzt ein großer Riese,	mit den Armen die Größe zeigen
eins zwei drei.	mit den Händen patschen

Ringel, rangel, ratze

> *Ringel, rangel, ratze,*
> *wir tanzen mit der Katze.*
> *Da kommt der Hund gelaufen*
> *und rennt uns übern Haufen.*

Bewegungsspiel

> *Ringel, rangel, ratze,*   in die Hände klatschen
> *wir tanzen mit der Katze.*   auf die Schenkel patschen
> *Da kommt der Hund gelaufen*   mit den Füßen stampfen
> *und rennt uns übern Haufen.*   die Hände umeinander drehen

Im Sprach-Rhythmus hüpfen und tanzen

Lernziel:	*den Sprach-Rhythmus in der Bewegung wahrnehmen*
Zeit:	*3 Minuten*
Spielsachen:	*Tanzlieder*

Mit Kindern ab 2 Jahren

Fassen Sie das Kind an den Händen und wippen oder tanzen Sie Ringelreihen im Rhythmus des Liedes. Achten Sie auf kleine Schritte, sodass die Kinderbeine mitkommen.

Wenn Sie selber einmal in ausgelassener Tanzstimmung sind, nehmen Sie das Kind auf den Arm und singen und tanzen, wie es Ihnen in den Sinn kommt. Halten Sie das Kind gut fest, dann können Sie auch mal schwungvoll im Kreis herumwirbeln. Ob das dem Kind gefällt? Das sehen Sie an seinen strahlenden Augen und hören es an seinem Lachen. Wenn nicht – sofort aufhören!

Wenn mehrere Kinder tanzen wollen, fassen sich alle an den Händen und singen und tanzen im langsamen Kinder-Tanz-Tempo.

Ringel, Ringel Reihe

Text aus „Des Knaben Wunderhorn" (1806)
Melodie: Volkslied aus Thüringen

Ring - gel, Rin - gel, Rei – he, sind der Kin - der drei – e,

sit - zen un - term Hol - der-busch, schrei-en al - le: Husch, husch, husch!

Im Sprach-Rhythmus hoppeln und reiten

Lernziel:	*den Sprach-Rhythmus in der Bewegung wahrnehmen*
Zeit:	*1 Minute*
Spielsachen:	*Kniereiter-Verse*

Mit Kindern ab 1½ Jahren

Nehmen Sie das Kind auf Ihren Schoß und lassen Sie es im Rhythmus des Kniereiter-Verses auf Ihren Knien auf und ab hüpfen. Wie oft? So lange, wie das Kind „Noch einmal!" ruft. Wie heftig? Bei kleinen Kindern genügt ein leichtes Auf-und-ab-Hoppeln, da schäkern sie vergnügt mit. Ältere Kinder hingegen sind begeistert und jauchzen laut, wenn es beim Kniereiten wild und heftig zugeht.

Hopp, hopp, hopp

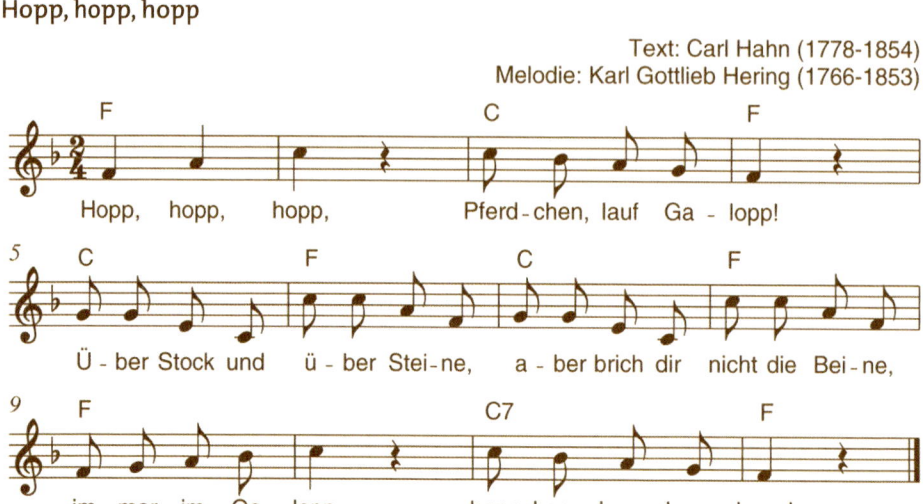

Text: Carl Hahn (1778-1854)
Melodie: Karl Gottlieb Hering (1766-1853)

Hopp, hopp, hopp, Pferd-chen, lauf Ga-lopp!

Ü-ber Stock und ü-ber Stei-ne, a-ber brich dir nicht die Bei-ne,

im-mer im Ga-lopp, hopp hopp, hopp, hopp, hopp!

2.3
· Die Artikulation

Am Anfang des Sprechenlernens schaut das Kind dem Sprechenden auf den Mund, um zu sehen, mit welchen Mund- und Zungenbewegungen die Wörter gesprochen werden. In dieser Lernphase ist es wichtig, dass Sie sich um eine deutliche Aussprache bemühen, nicht murmeln oder nuscheln, denn dann sind weder Lippen- noch Zungenbewegungen zu sehen und das Kind kann nichts von Ihnen lernen. Wenden Sie sich beim Sprechen auch dem Kind zu, schauen Sie es an, damit das Kind Ihr Gesicht sehen kann. Dem Kind etwas zurufen und dabei in eine andere Richtung blicken, weil man gerade mit etwas anderem beschäftigt ist, ist für das Kind wenig förderlich. Besser bei der Arbeit kurz innehalten, sich nach dem Kind umdrehen, um mit ihm zu reden, und danach wieder die Arbeit aufnehmen.

Auch wenn das Kind mit zwei Jahren schon viele Worte sagen kann, so fehlt ihm noch immer die Beweglichkeit von Lippen und Zunge, um korrekt und flüssig zu sprechen. Schwierig sind z. B. Wörter, die ein „str" und „ts" oder „sch" enthalten. Hingegen spricht das Kind Wörter mit den Verschlusslauten „p" oder „t" in Verbindung mit einem Vokal recht gut.

> *⑤ Sprachförderung*
>
> *Die Feinmotorik der Mundbewegung kann mit Übungen gefördert werden. Dabei werden die Muskeln von Zunge und Lippen trainiert und gestärkt. Die Spiele dauern kaum eine Minuten und sind für Kinder ein lustiges Faxenmachen und Grimassenschneiden. Vor allem die Kinder, die nuscheln und undeutlich reden, Wörter verschlucken und beim Sprechen ihren Mund nicht aufkriegen, sollten bei diesem Spiel-Spaß dabei sein.*

Zischen

Lernziel:	Luftdruck im Mund aufbauen und durch die Lippen ausstoßen, Training der Aussprache von Zischlauten
Zeit:	1 Minute

Mit Kindern ab 2 Jahren

Spielen Sie bei diesem Spiel mit und zeigen Sie, wie Sie sich dabei amüsieren. Das steckt die Kinder zum Mitmachen an. Dieses Spiel wird auch „Raketenstart" genannt. Doch wissen die Kinder schon, was eine Rakete ist? Wenn nicht, erfinden Sie einen anderen Namen für das Spiel – „Rappel-Zappel" nannte es Julia.

Es geht so: Zischen Sie laut, werden Sie immer lauter, unterstützen Sie das Zischen mit einem Patschen auf Ihren Schenkeln oder auf der Tischkante. Wenn das Zischen am lautesten ist, strecken Sie Ihre Hände in die Höhe und trampeln mit den Füßen – dann ist Stille und sie lassen die Hände langsam in den Schoß sinken. Wie spannend für Kinder, das Zuschauen und auch das Mitmachen! Noch einmal das gleiche Spiel? Na klar!

Wangen aufblasen

Lernziel:	Luftdruck im Mund spüren, Lippenmuskeln stärken
Zeit:	1 Minute

Mit Kindern ab 2 Jahren

Auch diese Übung spielen Sie einfach vor. Der Lippen-Knaller ist sehr effektvoll, da sind die Kinder gleich dabei, machen mit – und trainieren mit.

Seifenblasenpusten stärkt die Beweglichkeit und das Zusammenspiel von Lippen, Wangen, Zunge und Atmung

Es geht so: Die Lippen fest zusammen drücken, die Wangen wie ein Frosch aufblasen, den Mund kurze Zeit geschlossen halten, sodass der Luftdruck im Mund zu spüren ist. Und dann geht es so weiter:

- Mit den Händen auf die Wangen patschen und dabei die Luft aus dem Mund herauslassen oder
- die Luft auf einen Schlag herausplatzen lassen oder
- mehrmals nacheinander die Wangen tätscheln und auf diese Weise die Luft in kurzen Schüben aus dem Mund herauslassen oder
- die Wangen nicht mit Luft aufblasen, sondern das Gegenteil, die Wangen in die Mundhöhle einsaugen – kurz festhalten, wieder loslassen und entspannen.

Lippen und Zunge bewegen

Lernziel:	*Lippen- und Zungenbewegungen bewusst ausführen, Lippen- und Zungenmuskeln stärken*
Zeit:	*1 Minute*
Spielsache:	*vielleicht ein Spiegel*

Mit Kindern ab 2 Jahren

„Kannst du das?", fragen Sie das Kind und beginnen mit dem Faxenmachen, verziehen den Mund und strecken die Zunge heraus. Na, klar will das Kind diese Grimassen nachahmen und probiert es auch gleich aus. Am besten geht es vor dem Spiegel. Und was ist, wenn auch kleinere Kinder mitmachen wollen? Warum nicht? Übung macht den Meister.

Hier ein paar Faxen-Übungen für dieses Kraft-Training der Mundmotorik. Lassen Sie dem Kind ausreichend Zeit, die verschiedenen Mundbewegungen nachzuspielen:

- Breit grinsen, wie ein Kasperl, den Mund dabei geschlossen halten.
- Eine Schnute ziehen, den Mund geschlossen halten, die Lippen spitzen und nach vorne schieben.
- Die Lippen einziehen, sodass sie ganz verschwinden.
- Die Unterlippe nach vorne schieben, Mundwinkel nach unten ziehen, als wäre man beleidigt.
- Die Zunge ganz weit herausstrecken.
- Den Mund leicht öffnen, die Zungenspitze von einem Mundwinkel in den anderen schieben.
- Mit der Zunge an die Vorderzähne stupsen.
- Mit der Zunge versuchen, die Nasenspitze zu erreichen.

Pusten

Lernziel: *Training der Mundmotorik, Luftstrom gezielt dosieren*
Zeit: *1 Minute*
Spielsachen: *Trinkhalm, dünnes Papier, wie z. B. Seidenpapier*

Mit Kindern ab 2 Jahren

Die Spielregel ist einfach: Vom Papier ein Stückchen abreißen und zu einer kleinen Kugel zusammenknäueln. Durch den Trinkhalm blasen und dabei das Papierkügelchen über den Tisch oder Boden sausen lassen. Zeigen Sie den Kindern, wie das Pustespiel geht, das verstehen sie ohne große Erklärungen und werden großen Spielspaß haben.

Saugen

Lernziel:	Training der Synchronisation von saugen, schlucken und atmen, Unterstützung der Lautbildung im hinteren Teil des Mundes für die Aussprache z. B. von „k" und „g"
Zeit:	1 Minute
Spielsachen:	Trinkhalm, Trinkglas mit einem Getränk gefüllt

Mit Kindern ab 2 Jahren

So einfach ist das: Lassen Sie die Kinder immer wieder mit einem Trinkhalm trinken. Dieses Training bedarf keiner weiteren Animation, das machen die Kinder gerne!

Trinken mit dem Strohhalm ist Multitasking

3.
Die nonverbale Kommunikation

Wenn wir uns unterhalten, reden wir, hören zu und antworten. Doch wir beachten noch mehr, bewusst oder unbewusst. Wir schauen dem anderen ins Gesicht und erkennen, wie ernst er es meint oder ob er einen Spaß macht. Wir horchen auf den Klang der Stimme, ob sie fröhlich, aufgeregt, ängstlich oder wütend klingt. Wir sehen an der Körpersprache, wie sicher der andere seiner Sache ist, wie ablehnend, zurückhaltend oder aufgeregt er ist oder ob er tüchtig flunkert. Diese nonverbalen Äußerungen beeinflussen uns und wir reagieren darauf.

Die Sensibilisierung und die Prägung durch die nonverbale Kommunikation beginnt bereits bei den Neugeborenen. Die Erfahrungen, die ein Kind in seinen ersten Lebensjahren dabei macht, beeinflussen seine Kommunikationsfähigkeit ein Leben lang. Deshalb sollten bereits kleine Kinder in der nonverbalen Kommunikation gefördert werden, dabei gute Erfahrungen machen und Sicherheit in Umgang mit diesem Kommunikationsmodus erwerben.

3.1
Die akustische Kommunikation

Die Stimme eines Menschen ist etwas ganz Persönliches. Jede Stimme hat wie ein Musikinstrument ihre eigene Klangfarbe und Stimmlage, ihren eigenen Sprechrhythmus, ihre eigene Sprachmelodie und ihr Sprechtempo. Das macht sie so einmalig. Und genau das beachten wir, wenn wir jemandem zuhören. Wir hören nicht nur, was der andere sagt, sondern nehmen auch wahr, wie er spricht. Die Stimme verrät Stimmungen und Gefühle.

Zu dieser differenzierten Wahrnehmung sind bereits die Babys in der Lage. Entsprechend reagieren sie freudig oder misstrauisch, zappeln vergnügt oder verkrampfen sich ängstlich. Auch bei seinem eigenen Weinen oder Plappern setzt das Baby die ganze Palette dieser stimmlichen Äußerungen ein. Wer genau hinhört, erkennt, ob das Weinen des Kindes wütend oder klagend ist, ob das kindliche Brabbeln eine zufriedene oder verärgerte Äußerung ist.

⑥ *Sprachförderung*

Es kommt darauf an, welche Erfahrungen ein Kind mit der nonverbalen Kommunikation macht. Wenn die Mutter auf ein klagendes Weinen besänftigend und tröstend reagiert und auf ein zufriedenes Plappern bestätigend und aufmunternd, dann wird das Kind diese Intonation in seiner Stimme beibehalten und später auch selbst beim Sprechen einsetzen. Es wird auch beim Zuhören auf die Modulation der Stimme der anderen achten und sensibel werden für die Botschaften der akustischen Kommunikation.

Erlebt das Kind jedoch, dass seine unterschiedlichen Äußerungen nicht beachtet werden und niemand darauf adäquat reagiert, wird es bald auch nicht mehr auf die unterschiedliche Intonation der anderen achten. Dabei entgehen ihm wertvolle Informationen der Kommunikation.

Stimmung in der Stimme

Lernziel: unterschiedliche Stimmungen in der Sprache hören, dieser nonverbalen Botschaft nachspüren

Zeit: 2 Minuten

Mit Kindern ab 1 Jahr

Wenden Sie sich dem Kind so zu, dass Sie einander anschauen können. Sprechen Sie einen Kindervers und intonieren Sie die zum Vers passende Stimmung. Achten Sie darauf, dass auch Ihre Mimik stimmig ist. Das Kind wird Ihrer Stimme lauschen, der Stimmung nachspüren, die durch Ihre Sprechweise zum Ausdruck kommt, und es wird Ihre Mimik beobachten. Auf diese Weise lernt es die Spielformen der nonverbalen Kommunikation. Dazu ein Spielvers aus dem Repertoire der traditionellen Kinderspielreime.

a) Stimmung: lustig, lachend, vergnügt

Da kommt die Maus

> Da kommt die Maus,
> da kommt die Maus.
> Klingelingeling!
> Ist (... Name des Kindes) zu Haus?

Das Krabbelspiel dazu: Zeigefinger und Mittelfinger wandern als Maus den Arm des Kindes hinauf und zupfen bei „klingelingeling" liebevoll am Ohrläppchen.

b) Stimmung: bedauernd, ängstlich, weinend

Mein Häuschen ist nicht ganz gerade

(bedauernd) *Mein Häuschen ist nicht ganz gerade,*
ist das aber schade!
Mein Häuschen ist ein bisschen krumm,
ist das aber dumm!
(ängstlich) *Bläst der starke Wind hinein,*
(weinerlich) *fällt das ganze Häuschen ein!*

Das Fingerspiel dazu: Die beiden Hände wie ein spitzes Hausdach gegeneinander neigen, die Spitze des „Häuschens" mal nach der einen Seite, mal nach der anderen Seite kippen. Dann kräftig gegen das „Häuschen" blasen – das Kind bläst natürlich mit – und dann das „Häuschen" zusammenfallen lassen. Damit die traurige Stimmung sich wieder auflöst, danach miteinander über den Spielspaß lachen. Noch einmal das ganze Spiel? Na klar!

c) Stimmung: zuerst gewichtig und ernst, dann lustig und frech

Das ist der Daumen

(ernsthaft) *Das ist der Daumen,*
der schüttelt die Pflaumen,
der hebt sie auf,
der bringt sie nach Haus,
(frech, lachend) *und der kleine Schelm isst sie alle auf!*

Das Fingerspiel dazu: Nacheinander die Finger hoch strecken und mit dem Zeigefinger der anderen Hand antippen. Zum Schluss den kleinen Finger packen und lustig hin und her bewegen.

d) Stimmung: zuerst müde und matt, dann munter und freudig

Ei, wie langsam kommt die Schneck

(müde)   *Ei, wie langsam, ei, wie langsam*
kommt die Schneck von ihrem Fleck.
Sieben Tage lang braucht sie
von dem Eck ins andre Eck.

Ei, wie langsam, ei, wie langsam
kommt die Schneck im Gras daher.
(munter)   *Ei, da wollt ich schneller laufen,*
wenn ich so ein Schnecklein wär.

Das Krabbelspiel dazu: Die Hand zur Faust schließen, Zeigefinger und Mittelfinger so in die Höhe strecken, dass sie wie die Fühler der Schnecke aussehen. Diese Schnecke schiebt sich nun langsam vorwärts, über den Tisch oder die Wickelkommode oder über den Bauch oder Arm des Kindes. Zum Schluss beeilt sich die Schnecke und bleibt dann an einem ausgewählten Platz sitzen, zum Beispiel vor dem Spielzeug des Kindes oder vor dem Essteller, oder schmiegt sich liebevoll an den Nacken des Kindes.

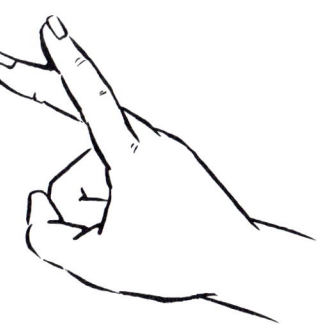

Rollenspiele

> **Lernziel:**   *unterschiedliche Stimmen hören und nachahmen,*
> *unterschiedliche Stimmungen in der Stimme erfahren*
> **Zeit:**   *3 Minuten*
> **Spielsachen:** *Puppen, Spieltiere oder Kasperfiguren*

Nehmen Sie die Schmusepuppe, mit der das Kind am liebsten spielt. Die Puppe geht auf das Kind zu, sagt freudig: „Hallo!", nennt den Namen des Kindes und erzählt mit lebendiger Stimme, mal hell lachend, mal tiefernst, mal aufgeregt schnell, mal gelangweilt müde von einem Erlebnis. Wichtig ist, dass Sie beim Sprechen Ihre Stimme erkennbar verändern, je nachdem, was die Puppe gerade erzählt und welche Gefühle dazu passen: frech, stolz, ängstlich, zornig, lachend oder glücklich. Die Erzählung ist kurz, das Ereignis einfach, dazu Beispiele:

Mit Krabbelkindern

Teddy sucht den Ball

(freudig)	*Hallo!*
(energisch)	*Ich suche meinen Ball!*
(betont langsam)	*Hast du meinen Ball gesehen?*
(weinerlich)	*Ich finde ihn nicht!*
(munter)	*Ich will mit dir Ball spielen!*
(aufgeregt)	*Ich suche weiter und komme wieder zu dir zurück!*

Und dann geht der Teddy, holt einen kleinen Ball, kommt zurück und rollt dem Kind den Ball zu.

Mit Kindern ab 2 Jahren

Der Bär will sich schlafen legen

(tiefere, sanfte Stimme)	*Hallo.*
(weinerlich)	*Ich suche einen Platz zum Schlafen.*
(langsam und schläfrig)	*Ich bin so müde.*
(Stimme etwas munterer)	*Darf ich mich zu dir legen?*
(freudig aufgeregt)	*Nimmst du mich in deinen Arm?*
(langsam und genießerisch)	*Ist das gemütlich!*
(noch langsamer, tief und ruhig)	*Ich schlafe schon.*

Und dann schnarcht der Bär und Sie fragen das Kind, wohin es den Bären zum Schlafen legen möchte.

Mit Kindern ab 3 Jahren

Der Kasperl wünscht sich einen Kuchen

(aufgeregt)	*Du, ich bin aus der Kasperlkiste gekrabbelt und weggerannt.*
(stolz)	*Zu dir!*
(betont ernst)	*Ich will dir sagen, was ich mir wünsche.*
(feierlich, lauter)	*Ich wünsche mir einen Kuchen, so groß wie ein Schrank.*
(unsicher, zögernd)	*Kannst du mir so einen Kuchen backen?*

Bei diesem Beispiel wird das Kind in ein Gespräch mit dem Kasperl einbezogen. Bleiben Sie in der Rolle des Kasperl und übertreiben Sie ein bisschen mit Ihrer stimmlichen Modulation. Wie lange soll das Gespräch dauern? Wirklich nur drei Minuten.

⊚ *Handygespräche führen?*

Das kleine Kind spielt vergnügt im Sand. Die Mutter sitzt am Rand des Sandkastens, nimmt ihr Handy und ruft ihre Freundin an. „Hallo, hier ist Sandra, ich bin mit Felix auf dem Spielplatz!"

Die Mutter spricht laut und amüsiert sich im Gespräch mit ihrer Freundin. Das Kind hört die Mutter lachen und sieht ihr strahlendes Gesicht. Das Kind bezieht diese Mimik und diesen Tonfall auf sich, aufgeregt zappelt es mit seinen Armen und plappert lustige Worte, um sich mit der Mutter zu unterhalten. Doch die Mutter beachtet diese Reaktion nicht, nimmt mit dem Kind keinen Kontakt auf, sondern redet weiter in ihr Handy. Allmählich merkt das Kind, dass das Reden und Lachen nichts mit ihm zu tun hat. Es wird still, wendet sich vielleicht ab. Und wenn das Kind diese oder eine ähnliche Situation öfters erlebt, lernt es Folgendes: Wenn die Mutter redet und lacht, hat das nichts mit ihm zu tun. Es lohnt sich nicht, auf das Sprechen und Lachen der Mutter zu achten. Die Mutter ist nicht erreichbar. Und später wundert sich die Mutter, dass das Kind ihr nicht mehr zuhört, auch nicht dann, wenn sie laut ruft. Nun – gelernt ist gelernt!

3.2

Die visuelle Kommunikation

Die Mimik, die Bewegungen der Arme und Hände, die Haltung des Körpers, das alles gehört zur visuellen Kommunikation. Dabei zeigt besonders der Gesichtsausdruck die Stimmungen und Gefühle des Menschen. Wer darauf achtet, sieht z.B. beim Sprechen das Schmunzeln oder das Stirnrunzeln, die zusammengekniffenen oder die strahlenden Augen. Man kann also im Gesicht des anderen ablesen, was dieser ergänzend zu seinen Worten empfindet. Meistens stimmen Worte und Mimik überein, manchmal auch nicht.

Pssst! Leise!

Es verunsichert Kinder sehr, wenn jemand z. B. sagt: „Ich freue mich, dich zu sehen" und der Gesichtsausdruck verrät das Gegenteil. Dieses Verwirrspiel beherrschen wir Erwachsenen bestens. Die Kinder nehmen beide Botschaften wahr, wissen aber nicht, was wirklich stimmt, die Wörtersprache oder die Körpersprache. Deshalb sollten wir den Kindern gegenüber immer ehrlich bleiben und nicht versuchen, negative Stimmungen wie Wut oder Entsetzen zu verbergen. Diese Stimmung spüren die Kinder sowieso und sehen sie an unserer Mimik. Deshalb können wir es ihnen auch sagen, dass und warum wir in dieser Laune sind.

🌀 *Keine ausgeprägte Mimik*

Kinder, deren Mimik und Gestik wenig ausgeprägt ist, haben Probleme in der Kommunikation mit anderen. Ihre Mimik wird oft nicht verstanden oder missverstanden. Und sie selbst bemerken und verstehen die Körpersprache der anderen auch nicht oder interpretieren sie falsch. Dieses Problem kann aufgefangen werden, wenn die Kinder in Spielen lernen, auf die Körpersprache der anderen zu achten und spielerisch üben, eine eindeutige Körpersprache zum Ausdruck zu bringen.

Und wenn Sie mit den Kindern sprechen, wenden Sie diesen immer Ihr Gesicht zu, sodass die Kinder zu den Worten, die Sie sagen, auch Ihren Gesichtsausdruck beobachten können.

🌀 *Kulturvergleich*

Durch kulturvergleichende Beobachtungen fanden Wissenschaftler heraus, dass in bestimmten Situationen alle Menschen den gleichen Gesichtsausdruck zeigen. Es sind:
- *Glück, Begeisterung*
- *Freude, Heiterkeit*
- *Unsicherheit, Bedenken*
- *Misstrauen, Argwohn*
- *Angst, Bestürzung*
- *Wut, Erbitterung*
- *Trauer, Kummer*

Mimik

Lernziel:	*Kennenlernen und Bewusstmachen der unterschiedlichen Mimik und ihrer nonverbale Botschaft*
Zeit:	*1–3 Minuten*

Mit Babys

Das Kind sitzt so auf Ihrem Schoß, sodass Sie sich anschauen können. Sie singen ein Kinderlied und zeigen – ein bisschen übertrieben – das passende Mienenspiel dazu. Das Baby wird Sie aufmerksam beobachten und vielleicht sogar Ihre Mimik nachahmen. Zum Spielen sind hier die Kinderlieder bestens geeignet.

Lachend, vergnügt: „Alle meine Entchen"

Text und Melodie: Volkslied

Staunend: „Auf unsrer Wiese gehet was"

Text: Heinrich Hoffmann v. Fallersleben (1798-1874); Rudolf Löwenstein(1819-1891) Melodie: Volkslied

Traurig: „Häschen in der Grube"

Entspannt, lächelnd: „Wer hat die schönsten Schäfchen"

Mit Kindern ab 1 Jahr

Sie sitzen mit dem Kind oder einer kleinen Kindergruppe zusammen. Die Schmuseecke ist dafür ein geeigneter Platz. Sie haben eine Puppe oder ein Spieltier im Arm und spielen den Kindern eine kleine Szene vor. Dabei setzen Sie deutlich erkennbar Ihre Mimik ein. Hier ein paar Beispiele zur Animation Ihrer Spiel-Laune:

Freude: Sie freuen sich, dass die Puppe tanzen möchte, nehmen sie an den Händen hoch und schwingen sie vorsichtig hin und her, als würden Sie miteinander einen Reigen tanzen.

Bedauern: Sie lassen den kleinen Stoffesel hüpfen und stolpern und bemitleiden heftig, dass er sich gerade wehgetan hat. Mit einem tröstenden Spruch zeigen Sie Ihr Mitgefühl:

Heile, heile Segen,
drei Tage Regen,
drei Tage Sonnenschein,
dann wird's wieder besser sein.

Heiterkeit: Sie lachen über den Kasperl, der den Kindern einen Streich spielen und sich verstecken will. Viel zu spät merkt er, dass die Kinder ihm zusehen und längst wissen, wo er sich versteckt hält.

Handbewegung beachten

Lernziel:	*Handzeichen beachten, darauf reagieren*
Zeit:	*1–5 Minuten*

Mit Kindern ab 2 ½ Jahren

Sie machen mit den Kindern ein Handzeichen für „Stehen bleiben" aus. Mit einem lauten „Achtung, fertig, los!" beginnt das Spiel. Während Sie Ihre Hände zuerst hinter dem Rücken verbergen, rennen die Kinder hin und her und schauen immer wieder nach Ihnen. Sobald Sie das vereinbarte Handzeichen geben, müssen die Kinder stehen bleiben. Und zwar so lange, bis Sie Ihre Hände wieder hinter dem Rücken verbergen.

⑥ Gestik

Wenn wir sprechen, bewegen sich gleichzeitig unsere Hände und Arme, bekräftigen eine Aussage, heben sie hervor oder wollen besänftigen und die Bedeutung der Worte abschwächen. Das ist uns gar nicht immer bewusst. Doch wer dem Sprecher nicht nur zuhört, sondern auch zuschaut, der sieht und wertet diese zusätzlichen Botschaften und reagiert entsprechend darauf. Mit den nachfolgenden Spielen werden die Kinder auf diese Gestik aufmerksam gemacht, lernen unterschiedliche Gebärden kennen und welche Mitteilungen dahinter stecken, obgleich kein Wort gesagt wird.

Hallo, ich seh dich!

Handzeichen geben

Lernziel:	*Handzeichen festlegen, beachten, darauf reagieren*
Zeit:	*1–5 Minuten*

Mit Krabbelkindern

Bei diesem Krabbelspiel sitzen Sie neben dem Kind auf dem Boden und plappern ein klein wenig miteinander, um die Aufmerksamkeit des Kindes auf sich und das folgende Spiel zu lenken. Dann geht es so weiter: Sie krabbeln ein bis zwei Meter weg, drehen sich nach dem Kind um und winken es mit übertriebener Gebärde zu sich. Wenn das Kind Ihnen nachfolgt, zeigen Sie Ihre Freude und das Kind hat vielleicht schon jetzt die Spielregel verstanden. Sie krabbeln wieder weg – und wiederholen das Handzeichen-Spiel so lange, wie das Kind mit Begeisterung mitmacht.

Mit Kindern ab 2 Jahren

Setzten Sie im Alltag mit den Kindern ein paar Handzeichen ein, die Sie bei passenden Gelegenheiten auch zeigen werden. Anfangs machen Sie diese Handzeichen und erklären gleichzeitig, was sie bedeuten. Bald darauf brauchen Sie keine Erklärungen mehr abzugeben. Die Kinder kennen die Handsignale. Führen Sie die Bewegungen langsam aus, dass die Kinder sie sehen und den Bewegungsablauf nachvollziehen können. Hier einige Beispiele als Anregung für Ihre Handzeichen-Liste:

- eine Hand in die Höhe strecken   → stehen bleiben und still sein
- mit der Hand herwinken   → zu mir kommen
- mit beiden Arme winken   → leise sein
- Hände hinter die Ohren halten   → zuhören
- mit dem Zeigefinger auf eine Stelle deuten   → an diese Stelle kommen

Dazu ein Spiel als Übung für die Kinder: Die Kinder gehen im Raum oder Garten umher und schauen immer wieder nach Ihnen. Sobald Sie ein Handzeichen geben, reagieren die Kinder, so schnell sie können. Setzen Sie anfangs nur zwei unterschiedliche Handzeichen im Spiel ein, ein andermal drei, beim nächsten Mal vier. Bei diesem Spiel können auch die Kleinen mitmachen und werden einfach das Verhalten der Großen nachahmen.

Alles gut!

Körpersprache

....

Lernziel:	*Körperbewegungen beachten und verstehen*
Zeit:	*3–5 Minuten*

Mit Kindern ab 2 ½ Jahren

Dieses Pantomimespiel ist ein Klassiker unter den Kinderspielen, es wird hier zum Lernspiel der visuellen Kommunikation. Es gibt im Tagesablauf viele Situationen, in denen Sie spontan dieses Pantomimespiel als „Übergangsspiel" einsetzen können. Dazu ein paar Beispiele:

Essen-Pantomime: Die Kinder sitzen am Tisch und warten auf das Essen. „Was wollen wir essen?", fragen Sie und geben auch gleich die Antwort: „Ich esse jetzt Spaghetti." Schon spielen Sie pantomimisch, wie Sie Spaghetti essen, und übertreiben dabei maßlos. Es braucht keine besondere Aufforderung an die Kinder, mitzuspielen. Denn sobald Sie beginnen, werden alle kichernd mitspielen wollen.

„Was wollen wir jetzt essen?" Mit dieser Frage leiten Sie die zweite Spielrunde ein. Die Kinder werden viele Antworten haben und Sie suchen eine Idee aus, die sich gut spielen lässt. Nach höchstens fünf Spielrunden ist das Pantomimespiel beendet, um der Gefahr vorzubeugen, dass aus dem lustigen Spielen ein wildes Quatschmachen wird. Denn das ist ein anderes Spiel.

Spielen-Pantomime: Sie sitzen bei den Kindern, ein Spiel ist beendet, ein neues hat noch nicht begonnen. Unschlüssig schauen sich die Kinder um, weil sie im Moment noch nicht wissen, was sie jetzt spielen wollen. Diese Gelegenheit ergreifen Sie und beginnen mit dem Pantomime-Ratespiel.

„Schaut mal, was ich gerade mache!", sagen Sie mit ernster Stimme und beginnen, pantomimisch ein Buch zu lesen, blättern eine Seite um, lesen weiter. Nach der ersten Überraschung – weil kein Buch zu sehen ist, die Kinder aber genau erkennen, dass Sie eines anschauen – verstehen die Kinder das Spiel, sie rufen „Lesen!" oder „Buch lesen". – „Ja, ich lese ein Buch!", antworten Sie, „und was mache ich jetzt?" Sie spielen, als würden Sie etwas malen oder ausschneiden oder Ball spielen oder was immer Ihnen gerade einfällt. So geht das Spiel weiter, Sie spielen pantomimisch etwas vor, die Kinder raten und wer Lust hat, spielt auch gleich mit. Nach fünf Minuten sollte Schluss sein, damit die Konzentration der Kinder nicht überspannt wird.

⑯ **Kulturell unterschiedliche Zeichensprachen**

Kopfnicken heißt „ja", Kopfschütteln heißt „nein"! Klare Sache? Weit gefehlt! In Griechenland zum Beispiel wird das Ja-Sagen mit einem langsamen Hin-und-her-Wiegen des Kopfes zum Ausdruck gebracht, was wie ein zögerndes, verneinendes Kopfschütteln aussieht. Und beim Nein-Sagen wird der Kopf etwas zurückgeworfen, was wie ein halbes Kopfnicken aussieht.

Beobachten Sie also die Kinder und erklären Sie, wenn nötig, welche Kopfbewegungen Sie beim Ja- und Nein-Sagen einsetzen, damit ein Kind aufgrund seiner kulturell unterschiedlichen nonverbalen Botschaften nicht verunsichert wird.

3.3
Die taktile Kommunikation

Zur taktilen Kommunikation gehören Berührungen, streicheln, die Hand geben, auf die Nasenspitze tippen, in den Arm nehmen. Ein Körperkontakt ist für Babys die erste „Begegnung" mit anderen Menschen. Anfangs nimmt das kleine Kind diese Körperwahrnehmungen einfach als Wohlbehagen wahr – oder als Unbehagen, wenn es harte, abweisende Berührungen spürt. Mit der Zeit nimmt das Kind diese Körperberührungen immer sensibler und differenzierter wahr und wird entsprechend freudig oder abwehrend reagieren.

Mehr als uns bewusst ist berühren wir ein Kind, wenn wir mit ihm reden. Wir streicheln ihm über den Kopf, nehmen es an der Hand, halten es in die Höhe, schieben es an den Schultern vorwärts, tippen ihm auf die Schulter, halten es an den Armen fest, begrüßen es mit einer Umarmung, einem Händedruck oder Kuss. Diese ersten Erfahrungen wirken sich auf die emotionale, soziale und kommunikative Entwicklung des Kindes aus, je nach den dabei empfundenen Gefühlen positiv oder negativ.

Zusammen und mit dem ganzen Körper Übermut, Freude, Lust und überschäumende Energie spüren

⑥ *Unangenehme Erfahrungen*

Es gibt Kinder, die Körperkontakt vermeiden und sich zurückziehen, wenn man ihnen zu nahe kommt. Das kann eine Eigenheit des Kindes sein, die der Erwachsene respektieren sollte. Es kann aber auch die Reaktion auf unangenehme Erfahrungen sein, wie z. B. heftiges Abküssen, was eher ein aggressiver Übergriff als eine liebevolle Zuwendung ist. Andere Gründe für eine Abwehr des Kindes könnten auch Erfahrungen mit Schlägen sein und schlimmstenfalls ein Missbrauch. Aber Vorsicht, hier sollten Sie nicht selbst Ursachenforschung betreiben, sondern Experten zu Rate ziehen. Auskunft und Hilfe bietet die Hilfsorganisation „Weißer Ring" an.

⑥ *Begrüßung am Morgen*

Wie begrüßen Sie ein Kind, wenn es zu Ihnen in die Gruppe gebracht wird? Nehmen Sie es sofort in den Arm? Geben Sie ihm einen Kuss? Schütteln Sie ihm die Hand? Alles ist in Ordnung, wenn das Kind zeigt, dass es sich auf die Begegnung mit Ihnen freut und sich auf Ihre Art der Begrüßung einlässt, was ein Kleinkind mit Lächeln, fröhlichem Geplapper und freudigem Zappeln zum Ausdruck bringt. Ältere Kinder werden Ihnen vielleicht entgegenspringen, zuwinken oder zurufen. Die Art und Weise, wie Sie ein Kind begrüßen, ist prägend für den weiteren Kontakt.

Hier drei Regeln für die Begrüßung kleiner Kinder:

1. Warten Sie ab, bis das Kind sie wahrnimmt und anschaut.

2. Beobachten Sie die Mimik des Kindes. Wenn es freudig lacht, ist alles gut. Wenn es sein Gesicht verzieht oder wegschaut, sollten Sie sich zurücknehmen, dennoch Ihre Freude auf das Wiedersehen zum Ausdruck bringen und abwarten, bis sich das Kind von alleine Ihnen zuwendet.

3. Nähern Sie sich langsam, beobachten Sie aufmerksam, wie das Kind reagiert. Wenn es mit seiner Körpersprache Freude und Begeisterung zum Ausdruck bringt, dann können Sie davon ausgehen, dass es auch einen Körperkontakt akzeptiert. Wenn das Kind keine Miene verzieht, sollten Sie sich zurückhalten, mit freundlichem, besänftigendem Sprechen oder Singen oder einem kleinen Spaß um Zuwendung „werben". Erst wenn das Kind positiv reagiert, geben Sie ihm die Hand oder nehmen es in den Arm.

Krabbelspiele

Lernziel:	*positive Erfahrungen mit Körperkontakt*
Zeit:	*1 Minute*

Mit Wickelkindern

Jäckchen aus, Hose runter, Pampers wechseln. So blitzschnell die Windeln zu wechseln ist manchmal nötig, aber das Wickelkind hat nichts davon. Es kann das, was mit ihm geschieht, nicht nachvollziehen. Ganz anders nimmt das Kind seinen Körper wahr, wenn es langsamen Bewegungen nachspüren kann. Und wenn vor dem Anziehen noch ein bisschen Zeit bleibt für ein Krabbelspiel, ist die Freude des Kindes groß, verbunden mit positiven Körpergefühlen, die in Erinnerung bleiben. Nachfolgend ein paar Beispiele, die zeigen, wie einfach diese Spiele sind und Sie dazu animieren, selber solche kleinen Krabbelspiele zu erfinden.

Bauchstreicheln: Streicheln Sie mit flacher Hand und kreisenden, langsamen, sanften Bewegungen den Kinderbauch, summen oder singen Sie dazu leise eine kleine Melodie mit zwei oder drei Tönen, erfinden Sie einen Text, z.B. „Rundherum und rundherum, auf deinem Bauch ...“

In die Hände klatschen: Nehmen Sie liebevoll und vorsichtig die Hände des Kindes in Ihre Hände, führen Sie mit langsamen Bewegungen die Kinderhändchen aufeinander zu. Wenn das Kind mitmacht, weil es die Bewegung nachvollziehen kann und versteht, ist sogar ein Händeklatschen möglich. Begleiten Sie das Klatschen mit einem freien Singsang, z.B. „Pitsche patsche, pitsche patsche ...“

Krabbelverse

Lernziel:	*Körperwahrnehmung erleben und nachspüren, positive*
	Erfahrungen mit Körperberührungen
Zeit:	*1 Minute*

Mit Kindern ab 1½ Jahren

Krabbelverse sind die besten Spiele, bei denen die Kinder erleben, wie wohlig eine Körperberührung sein kann. Diese positiven Erfahrung geben den Kindern Sicherheit und Vertrauen gegenüber Körperberührungen. Spielen Sie mit sanften, langsamen Bewegungen, denen das Kind nachspüren kann, sprechen Sie mit vergnügter Stimme, lächeln Sie dem Kind liebevoll und aufmunternd zu. So sind alle nonverbalen Botschaften stimmig und das Kind kann sich dem Krabbelspiel vertrauensvoll hingeben. Hier ein paar Krabbelverse aus Großmutters Zeiten.

Da kommt die Maus

Da kommt die Maus,
baut sich ein Haus.
Da kommt die Mücke,
baut sich 'ne Brücke,
da kommt ein Floh,
der macht so ...

Das Krabbelspiel dazu: Ihre Hand ist das Fingertheater. Zuerst krabbeln alle Finger wie eine Maus über Bauch, Bein oder Arme des Kindes, dann stupst Ihr Zeigefinger als Fliege zärtlich und mit langsamen Bewegungen mal da, mal dort, zum Schluss kitzeln drei Finger als Floh das Kind vorsichtig am Hals.

Kleine Schnecke

Text: Gisela Walter
Melodie: Volkslied aus Frankreich (1870)

Das Krabbelspiel dazu: Ihre Hand verwandelt sich in eine Schnecke, indem Sie eine Faust machen und Zeigefinger und Mittelfinger als Fühler der Schnecke in die Höhe strecken (siehe auch Abbildung Kapitel 3.1). So schiebt sich Ihre Hand als Schnecke schneckenlangsam von den Füßen des Kindes bis zum Kopf hinauf und wieder hinunter. Am Schluss kreist Ihre Schneckenhand auf dem Bauch des Kindes und legt sich dann flach auf dem Bauch zu Ruhe. Wer Spaß am Singen hat, singt den Vers nach der Melodie von „Bruder Jakob".

⑤ *Kitzelspaß?*

Manche meinen, dass ein Kitzelspiel für Kinder ein großer Spaß sei, weil diese dabei laut kichern. Es gibt Grenzen. Vor allem dann, wenn das Kind in die „Zwickmühle" – im wahrsten Sinne des Wortes – genommen wird. Kitzeln kann dann weh tun und manches Kind fühlt sich bedroht und bedrängt, schlägt vielleicht um sich oder beginnt zu weinen. Diese negativen Körpererfahrungen sind heftig und es braucht ein Weilchen, bis das Kind wieder die Körpernähe des anderen erträgt und Vertrauen zu ihm hat.

Machen Sie es anders: Halten Sie bei einer lustigen Kitzelei immer wieder inne, lassen Sie das Kind los und beobachten Sie, was es dann macht. Wenn es sich lachend auf Sie stürzt und weiterkitzelt, dann ist alles in Ordnung, dann können auch Sie weiterspielen. Wenn es ebenfalls aufhört, ist das ein Zeichen, dass es genug hat und froh ist, dass Sie das Spiel beendet haben. Setzen Sie dann dem Spiel einen deutlichen Schluss, z. B. mit einem Händeklatschen und dem Ruf: „Ende!".

Kniereiter

Lernziel:	bewußte Körperwahrnehmung, positive Erfahrungen mit Körperkontakt
Zeit:	1 Minute

Mit Kindern ab 2 Jahren

Kniereiter-Hüpfen ist ein beliebtes Spiel bei den Kindern. Sie vertrauen sich dem hüpfenden „Knie-Pferd" an und haben auch keine Bange, wenn sie als Reiter vom „Pferd" fallen. Die Spielregel dazu: Sie sind das Pferd, sitzen auf einem sicheren Platz, Ihre Knie sind dicht nebeneinander, sodass der kleine Reiter bequem darauf Platz nehmen kann. Die Beine des Kindes hängen links und rechts herab. „Roß und Reiter" halten sich an den Händen fest und los geht der Galopp. Sie lassen dabei Ihre Beine auf und ab hüpfen, mal schneller, mal langsamer. Dann plötzlich strecken Sie Ihre Beine geradeaus – und der Reiter rutscht Ihre Beine hinunter. Doch schnell packen Sie zu und halten den Reiter fest. Alles ist gut gegangen.

Das Reiten mit einem Kniereiter-Vers ist deshalb so beliebt, weil das Kind genau weiß, wann am Schluss der „Reiter" herabfällt. Noch einmal das Reiterspiel? Natürlich, so oft der Reiter will. Doch wenn Sie merken, dass das Kind müde wird, dann lassen Sie auch das „Pferd" müde werden und beenden das Spiel.

Hopp, hopp, hopp

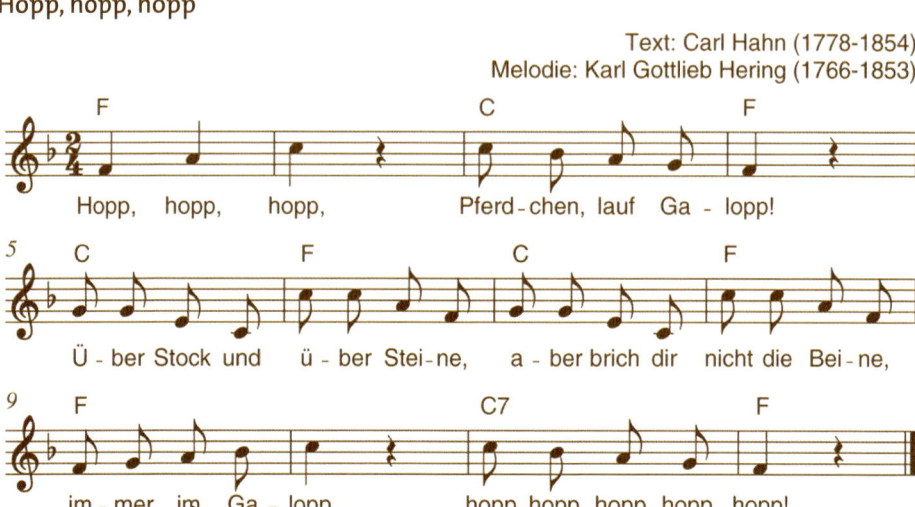

Text: Carl Hahn (1778-1854)
Melodie: Karl Gottlieb Hering (1766-1853)

3.4
Die olfaktorische Kommunikation

Wenn wir jemandem begegnen, nehmen wir blitzschnell auch dessen Körpergeruch wahr, bewusst oder unbewusst. Das sind die Informationen der olfaktorischen Kommunikation. Und dieser geschnupperte Geruch steuert unsere Gefühle dem anderen gegenüber, mal als Sympathie, mal als Antipathie. Das ist davon abhängig, in welcher angenehmen oder unangenehmen Situation dieser Geruch zum ersten Mal aufgenommen wurde. Mit den Jahren sammelt der Mensch ein großes Geruch-Gefühl-Repertoire, das immer auch seine Kommunikation mit anderen beeinflusst.

Die Sprache verrät übrigens, wie stark Düfte und Körpergerüche die Kommunikation beeinflussen. Wir sagen: „Den kann ich nicht riechen!" Und das ist wörtlich zu nehmen.

Beim Neugeborenen ist der Geruchssinn vollständig entwickelt. Das Kind nimmt den Geruch der Mutter auf, verbunden mit dem guten Gefühl, versorgt und beschützt zu sein – vorausgesetzt, die Mutter ist mit ihrem Kind glücklich und nimmt es liebevoll in den Arm. Über den Geruch wird auch die enge Verbindung zwischen Mutter und Kind aufgebaut und beim Stillen immer wieder verstärkt.

Körpergeruch

Lernziel: erleben, dass andere den Körpergeruch beachten, verbunden
mit wohligen Gefühlen

Zeit: 1 Minute

Mit Kindern ab ½ Jahr

Wenn Sie das Kind in den Arm nehmen, miteinander schmusen oder das Kind waschen oder wickeln, dann prusten Sie zwischendurch ein wenig auf die Haut des Kindes, sodass es kitzelt und das Kind Ihre Körpernähe spürt. Sagen Sie dem Kind, wie gut es riecht, auch wenn es die Worte nicht versteht. Gewiss wird es auch Ihren Körpergeruch wahrnehmen. So ist das Kind auf allen Kanälen der nonverbalen Kommunikation mit Ihnen in Kontakt, also hörend, sehend, berührend, riechend.

⊚ *Kein Parfüm nehmen!*

Nehmen Sie kein Parfüm, keine duftende Körperlotion oder stark duftende Seife, wenn Sie mit Babys zusammen sind. So kann das kleine Kind Ihren echten Körpergeruch wahrnehmen, was für eine enge emotionale Beziehung zu Ihnen wichtig ist. Die künstlich zusammengestellten Duftnoten der Kosmetik- und Pflegeartikel sind zu stark für den feinen Geruchssinn der kleinen Kinder.

⊚ *Schmusetiere nicht waschen!*

Das Schmusetuch oder der Schmusebär des Kindes darf nicht gewaschen werden, auch wenn sie noch so eklig aussehen und nach Kinderspucke muffeln. Es ist für das Kind der vertraute Geruch von seinem Zuhause, der ihm Sicherheit und Wohlbefinden gibt. Wird das Tuch oder der Bär gewaschen, riechen die Sachen nach Waschmittel und werden nie wieder in den Arm genommen. Das kleine Kind wird untröstlich und verunsichert sein, denn das Schmusetuch oder der Schmusebär sieht bekannt aus, riecht aber fremd und fühlt sich anders an.

4.
Sprache und Sinneswahrnehmungen

Wie kommen die Wörter in den Kopf? Wie kann sich das Gedächtnis die Wörter einprägen? Wie kann ein Kind Wörter lernen? In den ersten Lebensjahren können Wörter nur im Zusammenhang mit den dazugehörigen Sinneswahrnehmungen gelernt, das heißt im Gehirn abgespeichert werden. Die Impulse der Sinneswahrnehmungen werden über die Nervenbahnen zum Gehirn geleitet und dort mit dem dazugehörigen Wort gespeichert.

Sprache lernen heißt für ein Kind also, Sprache erleben. Wie anders soll ein Kind wissen, was rund oder eckig ist, süß oder salzig, rau oder glatt, laut oder leise, kalt oder heiß, hoch oder tief, schnell oder langsam, wackelig oder eben. Das alles muss das Kind mit seinen Sinnen selber erfahren und dazu die Begriffe hören, die mit diesen Wahrnehmungen verknüpft sind.

Später, wenn das Kind viele Sinneswahrnehmungen erfahren und in seinem Gedächtnis abgespeichert hat, versteht es Begriffe auch, ohne sie selbst erfahren zu haben, weil es ähnliche Begriffe miteinander vergleicht, kombiniert und auf diese Weise erfasst.

🌀 *Sprachförderung*

Zur Sprachförderung gehört die Förderung und Sensibilisierung der Sinneswahrnehmungen. Werden dem Kind vielseitige Anregungen für seine Sinne geboten, sind das die besten Bedingungen, um Wörter zu lernen und abzuspeichern. Es wird gleichzeitig auch das Neugierverhalten des Kindes unterstützt, steigert sein Interesse an der Umwelt und seinen Lerneifer, zu wissen, wie die Dinge heißen. Bietet die Umwelt nur spärliche Anreize für die Sinneserfahrungen, lässt die auch kindliche Neugierde nach, die Wahrnehmungsleistungen werden eingeschränkt und der Spracherwerb verzögert.

🌀 *Selbermachen*

Das Kind weiß sehr gut, wie es Sprache am besten lernt und seinen Wortschatz erweitert. „Selber" heißt sein Zauberwort. Es möchte eigene Erfahrungen mit den Dingen machen. Dabei ist die kindliche Neugierde eine starke Antriebskraft und trägt zur Sensibilisierung und Steigerung der Wahrnehmungsfähigkeit bei. Nur mit „Selbermachen" kann das Kind seine Umwelt begreifen, verstehen, kennenlernen, lernen. Nur so kann es Wörter lernen.

4.1
Das Sehen

---

⑥ Entwicklung des Sehsinns

Das neugeborene Kind sieht anfangs das am besten, was etwa 30 cm von seinen Augen entfernt ist. Doch bald schon verfolgt es mit seinem Blick, was sich vor seinen Augen langsam bewegt. Was sich zu schnell bewegt, kann das Kind mit den Augen nicht erfassen. Nach etwa sechs Monaten ist die Sehfähigkeit des Kindes vollständig entwickelt. Es braucht nun viele Anreize, diese Wahrnehmung zu trainieren. Farben kann das Kind anfangs nicht unterscheiden. Rot und Gelb erkennt es zuerst. Mit drei Jahren sieht, erkennt und benennt das Kind alle Grundfarben – vorausgesetzt, es hat die Wörter der Farben gelernt.

Sehen und mitmachen

Anschauen

Lernziel: aufmerksam schauen, konzentriert betrachten, Worte hören
Zeit: 1 Minute
Spielsachen: was rundum liegt

Mit Babys
Beim Wickeln: Alles, was Sie zur Hand nehmen, um das Baby sauber zu machen und zu wickeln, zeigen Sie zuerst dem Kind, halten es etwa 50 cm von seinem Gesicht entfernt in die Höhe, lassen dem Kind Zeit, dieses Etwas zu betrachten. Benennen Sie den Gegenstand, reden Sie dabei langsam und mit ruhiger, liebevoller Stimme, sagen Sie z.B.: „Schau mal, das ist eine Creme, mit der creme ich jetzt deinen Popo ein!" Auch wenn das Kind noch „kein Wort" versteht, erlebt es seinen Sehsinn in Kommunikation mit Ihnen. Es hört die Worte, spürt die Zuwendung, fühlt sich wohl und macht die positive Erfahrung, wie interessant es ist, Dinge anzuschauen.

Mit Kindern ab 1 Jahr
Beim Essen: Zeigen Sie dem Kind den Teller, in den Sie danach das Essen einfüllen. Halten Sie ein bis zwei Sekunden den Esslöffel hoch und geben Sie dem Kind Zeit, diesen anzuschauen. Reden Sie mit dem Kind und sagen Sie z.B.: „Das ist ein Löffel, mit dem kannst du deinen Brei essen!" Wenn Sie dem Kind den Trinkbecher reichen, halten Sie auch diesen zuerst ein bis zwei Sekunden in die Höhe mit dem Kommentar: „Das ist ein Becher!"

Mit Kindern ab 2 Jahren
Beim Spielen: Das Kind nimmt etwas zum Spielen, z.B. ein Holztier. Sie setzen sich daneben und spielen mit. Betrachten Sie eingehend und voller Neugierde das Holztier. Das Spiel heißt jetzt „Lange etwas anschauen". Wenn Sie dabei reden, reden Sie wenig, deutlich, langsam und mit kleinen Pausen. Zeigen Sie bei diesem Spiel, wie Sie das Holztier interessiert betrachten. Das Kind wird Ihnen zuschauen, Sie nachahmen und dabei lernen, was es heißt, etwas ganz genau anzuschauen.

Farben sehen

Lernziel: Farben beachten, unterscheiden und benennen
Zeit: 1 Minute
Spielsachen: Löffel und Becher, einfarbig, in verschiedenen Farben

Mit Kindern ab 2 ½ Jahren

Stellen Sie mehrere Becher und Löffel bereit, sichtbar für die Kinder, damit sie die unterschiedlichen Farben vergleichen können. Wenn ein Kind Durst hat, zeigen Sie ihm die Becher, benennen die Farbe oder lassen das Kind eine Farbe auswählen, z. B. mit diesen Worten: „Willst du den roten oder den blauen Becher?", „Zu dem Saft passt der grüne Becher!", „Heute gebe ich dir den gelben Becher!" oder „Ist das der blaue oder der gelbe Becher?"

Auch beim Essen beachten Sie bei der Wahl des Löffels die Farben, benennen diese, wenn sie den Kindern die Löffel austeilen, lassen die Kinder selber die Farbe auswählen oder machen ein Ratespiel daraus mit der einfachen Frage: „Welche Farbe hat der Löffel?"

Wie schmeckt das, was im Becher ist?

Umherschauen

Lernziel:	*Gegenstände bewusst anschauen, selektives Schauen*
Zeit:	*2–3 Minuten*

Bei diesen Spielen lernen die Kinder, eine Sache zu beachten und genau anzusehen, obgleich eine Vielzahl anderer Dinge rundum liegen. Erzählen Sie mit zwei oder drei Sätzen, was Sie betrachten. Das Kind wird Ihnen zuhören. Sprechen Sie langsam und zeigen Sie mit aufmerksamer Mimik und begeisterter Stimme, wie Sie sich für das eine Dinge interessieren. Fragen Sie nicht ständig nach, ob das Kind auch alles sieht, sondern berichten Sie einfach, was Ihnen auffällt. So lenken Sie die Blicke des Kindes auf einzelne Sachen, die es ein Weilchen anschauen wird. Dazu diese Beispiele.

Mit Babys
Wenn das Baby hellwach ist und zeigt, dass es unterhalten werden will, ist das die beste Ausgangssituation für dieses Spiel. Nehmen Sie das Kind auf den Arm, gehen Sie im Raum umher, bleiben Sie mal da, mal dort stehen, zeigen auf einzelne Gegenstände, benennen sie und reden mit leiser Stimme ein, zwei oder drei Sätze dazu. Lassen Sie dem Kind ausreichend Zeit zum Schauen, bevor sie mit langsamen Schritten weiterziehen.

So z.B. kann eine Spielsituation sein: Sie bleiben vor dem Regal stehen, zeigen auf eine bunte kleine Schachtel: „Das ist eine Schachtel, sie ist rot und hat weiße Punkte. Die Schachtel steht im Regal. Mir gefällt diese Schachtel." Sie schauen miteinander diese Schachtel an, dann geht der Rundgang weiter, vielleicht wird die Tasse auf dem Tisch in Augenschein genommen, dann das Handtuch in der Ecke neben dem Waschbecken.

Wie lange dauert der Spaziergang? So lange Sie feststellen, dass das Kind aufmerksam dabei ist. Wird es unruhig und lässt seine Augen in andere Richtungen abschweifen, ist das ein Zeichen, dass es genug von diesem Spiel hat und sich nicht mehr konzentrieren kann.

Mit Kindern ab 2 Jahren
Bei diesem Spiel im Garten können Sie auch mit zwei oder drei Kindern losziehen. Die Spielregel bleibt gleich: Sie wandern mit bedächtigen Schritten los, bleiben stehen, schauen etwas an, benennen es, beschreiben, was sonst noch zu sehen ist, sind dann still, lassen die Kinder schauen, und gehen schließlich weiter. Im Garten sind es zum Beispiel der große Busch, ein Blatt auf dem Boden, die Sitzbank, die Sitzfläche der Bank, die Erde am Gartenzaun, ein Kieselstein auf der Erde. Es sind ganz normale Dinge, die

das Kind längst kennt, mit diesem Spiel einmal besonders beachtet, und mit Ihnen lernt, etwas lange und genau anzuschauen.

Mit Kindern ab 3 Jahren
Bei diesem Spiel am Fenster können zwei oder drei Kinder mitmachen. Die Kinder stehen auf Stühlen, sodass sie gut zum Fenster hinaussehen können. Sie stehen dabei, lehnen sich vielleicht mit den Ellbogen auf das Fensterbrett und betrachten die Welt draußen. Sie beginnen das Gespräch z.B. so: „Seht ihr das Haus dort drüben?" – Pause – „Das Haus hat eine Haustür. Die Haustür ist braun. Die Haustür ist aus Holz." – Pause – „Das Haus hat viele Fenster. Ich sehe auch Blumen an den Fenstern. Bei einem Fenster ist der Rollladen heruntergelassen." – Pause – „Das Dach ist rot. Es sind rote Dachziegel auf dem Dach."

Sobald die Kinder unruhig werden, dazwischenplappern und auf andere Dinge zeigen, ist das ein Zeichen, dass ihre Konzentration ausgebraucht ist. Dann könnten Sie es vielleicht noch mit einem Ratespiel versuchen: „Wer sieht das blaue Auto?"

4.2
Das Hören

⑥ Entwicklung des Hörsinns

Beim Neugeborenen ist die Hörfähigkeit voll ausgebildet und funktioniert bestens. Das Kind erkennt die Stimme seiner Mutter und reagiert begeistert darauf, weil ihm diese Stimme vertraut ist. Wenn es wach ist, lauscht es auch den Geräuschen rundum. Einige Wochen später kann das Kind seinen Kopf in die Richtung drehen, aus der die Geräusche kommen.

Die unterschiedliche akustische Umgebung des kleinen Kindes beeinflusst seine Reaktionen auf Lautstärke. Die Kinder, die leise Geräusche gewohnt sind, erschrecken heftig, wenn der Krach zu laut wird. Den Kindern, die Lärm gewohnt sind, macht ein lautes Getöse weniger aus, sie werden selber laut.

⑥ Akustische Überreizung

Es ist laut geworden in unserer Welt: zu Hause das Gedudel von Fernsehen, Radio und Internet oder ein lautstarkes Streiten in der Familie und das Gebrüll der Geschwister; auf den Straßen die Autos, Lastwagen und Straßenbahnen; in den Geschäften die Musikberieselung, das Gemurmel der Menschen, die Lautsprecheransagen; unterwegs die Handy-Klingeltöne und das anschließende Handy-Geplapper der Erwachsenen. Das Kind ist immer mitten dabei, auf dem Arm, auf dem Schoß, an der Hand, im Bett, im Kinderwagen, im Kindersitz im Auto. Es kann die Geräusche nicht ausschalten, die Musik nicht abschalten, seine Ohren nicht zuhalten. Als Schutzreaktion kann es nur eines, „dicht machen", die Wahrnehmung des Hörens ausblenden. Und später, wenn das Kind größer geworden ist, sind die Eltern verärgert, weil ihr Kind einfach nicht hört, wenn es gerufen wird. Wen wundert's?

Eindeutig zu laut

> ⓢ *Wenn Spieluhren zu laut sind*
>
> *Diese kleinen klingenden Spieluhren erfreuen sich großer Beliebtheit. Aber aufge-passt! Wenn diese dicht über dem Kinderbettchen aufgehängt werden, dann dröhnt die Musik die Ohren des Kindes voll. Das ist übel und wirkt sich negativ auf die Hörfähigkeit des Kindes aus. Am schlimmsten für das Baby sind Spieluhren, die in einem kleinen Kissen eingenäht sind und abends in das Kinderbett gelegt wer-den, damit das Kind mit diesem Schlaf-Liedchen gut einschlafen kann. Doch für das Kind ist das eher eine akustische Folter. Auch viele andere Spielsachen klappern, klopfen, surren, tröten viel zu laut für die empfindlichen kleinen Kinderohren. Weg damit! Das ist der beste Hörschutz für das Kind.*

Zuhören

> **Lernziel:** *aufmerksam zuhören, nur lauschen, ohne etwas zu sagen*
> **Zeit:** *1–3 Minuten*
> **Spielsachen:** *Spielsachen, die herumliegen*

Mit Babys

Beugen Sie sich über das Bettchen des Babys, nicht zu nahe, und plaudern mit leiser, liebevoller Stimme, mit kurzen Sätzen und Pausen dazwischen, in einem langsamen Sprachtempo. Was reden? Einfach das aussprechen, was Ihnen gerade in den Sinn kommt, z. B. „Hallo kleiner Leo, du liegst in deinem Bett. Das ist schön. Ich sehe dein Ge-sicht und sehe, dass du lächelst. Es geht dir gut. Da freue ich mich mit dir ...“

Auch Sie lächeln dabei und zeigen mit Ihrer Mimik, dass Sie fröhlich sind. Lassen Sie zwischen den Sätzen ausreichend lange Pausen, damit das Kind Ihrer Stimme nachlau-schen und den wohligen Gefühlen dabei nachspüren kann. Auch wenn das Kind „kein Wort“ versteht, so erlebt es in diesem Moment, dass es sich lohnt, zuzuhören, weil es so schön ist. Darauf kommt es an.

Mit Wickelkindern

Das Kind liegt auf der Wickelkommode, die Windeln sind gewechselt. Wie wäre es mit einem kleinen Hörspiel? Nehmen Sie Kinderspielsachen, mit denen Sie feine, zarte Tö-ne erzeugen können, zum Beispiel einen Beißring zum Rasseln, ein Glöckchen zum Bimmeln, eine kleine Schachtel zum Pochen, Plastiklöffel zum Gegeneinanderschla-gen, Papierknäuel zum Rascheln.

Spielen Sie leise, mit kleinen Pausen dazwischen. Zeigen sie mit Ihrer Mimik, dass Ihnen das Klangspiel Spaß macht. Reden Sie in den Klangpausen langsam und leise mit dem Kind, z.B.: „Das ist eine Schachtel. Ich kann darauf mit dem Finger tippen. Hörst du das Pochen? Das hört sich lustig an."

Auch wenn das kleine Kind nicht alles versteht, so wird es dennoch Ihren Worten lauschen, diese extra Zuwendung genießen und immer wieder gespannt dem Geräusch zuhören. So macht Hören Spaß!

Leise und laut

Lernziel:	*leise und laut unterscheiden, aufmerksam zuhören*
Zeit:	*3 Minuten*
Spielsachen:	*Spielsachen, die herumliegen*

Mit Kindern ab 2 Jahren

Suchen Sie fünf bis zehn Sachen, mit denen Geräusche erzeugt werden können, und machen Sie es z.B. so:

- zwei Bauklötze gegeneinander schlagen
- mit einem Ball auf den Boden klopfen
- an einem Tannenzapfen kratzen
- mit der Hand auf eine Schachtel patschen
- den Kochlöffel auf dem Boden hin und her schieben.

Füllen Sie alle Gegenstände in einen großen Korb. Und wenn die Kinder gerade nicht wissen, was spielen, dann ist das die beste Gelegenheit, mit diesem Spiel herauszurücken.

Erste Spielrunde: Sie nehmen ein Spielzeug aus dem Korb, machen damit ein Geräusch und legen die Sachen beiseite. Dabei beschreiben Sie auch mit Worten, was Sie tun. Nach und nach nehmen Sie alle Gegenstande aus dem Korb und machen damit Geräusche. „Ist das leise oder laut gewesen?", fragen Sie die Kinder. Diese erklären, wie leise oder laut sie das Geräusch empfunden haben. Zum Schluss kommen alle Sachen wieder in den Korb.

Zweite Spielrunde: Jetzt machen die Kinder leise oder laute Geräusche. Ein Kind beginnt, nimmt etwas aus dem Korb und Sie sagen, ob leise oder laut gespielt werden soll. Reihum wird der Korb weitergeschoben. Jetzt sagen die Kinder, ob ein leises oder lautes Geräusch gespielt werden soll.

Richtungshören

Lernziel: beachten, aus welcher Richtung etwas zu hören ist
Zeit: 1–3 Minuten
Spielsachen: Geschirr nach dem Essen, Glocke oder Glockenspiel

Mit Kindern ab 1 Jahr

Nach dem Essen: Die Kinder haben gegessen und sitzen noch in ihren hohen Kinderstühlen. Sie erklären, dass sie sitzenbleiben und zuschauen können, wie Sie alles wegräumen. Nun wird es spannend, denn Sie beginnen ein ungewöhnliches Abräum-Unterhaltungsspiel: Sie nehmen einen Teller und bringen ihn zur Spüle oder zum Tisch, auf dem das Tablett für den Abwasch bereit steht. Während Sie durch den Raum gehen, unterhalten Sie sich mit den Kindern mit lauter, deutlicher Stimme. Sie erzählen, was sie gerade tun, was es zum Essen gab, was gut geschmeckt hat und was die Kinder nachher tun werden. So räumen Sie das Geschirr einzeln ab. Die Kinder werden Ihnen zuschauen, zuhören und erleben dabei, wie Ihre Stimme mal nahe, mal weiter weg im Raum zuhören ist. Dieses Hin-und-her-Gehen und gleichzeitige Reden beenden Sie erst, wenn Sie mit Abräumen fertig sind. Dann ist auch das Spiel zu Ende und Sie helfen den Kindern, aus ihren Stühlen zu krabbeln.

Mit Kindern ab 2 Jahren

Zwei oder mehr Kinder sitzen zusammen, das kann in der Kuschelecke sein, auf dem Bauteppich, im Garten rund um den Sandkasten oder auf der Wiese. Die Kinder haben ein Spiel beendet und halten nach Ihnen Ausschau, ob Sie mit Ihnen etwas Neues spielen: die beste Situation für das kommende Spiel.

Die Spielregel: Die Kinder sitzen, Sie entfernen sich, bleiben irgendwo stehen und rufen: „Alle herkommen!" Nach dieser Aufforderung rennen alle Kinder so schnell sie können zu Ihnen. Sind alle angekommen und von Ihnen freudig begrüßt worden, bleiben die Kinder stehen und Sie gehen in eine andere Richtung weiter, rufen wieder und die Kinder kommen hinterher. So geht das Spiel immer weiter, so lange, wie es den Kindern Spaß macht.

Es könnte sein, dass dieses Spiel zu einem Fangenspiel wird und die Kinderschar hinter Ihnen hereilt. Macht nichts, das ist auch lustig. Eine Spielvariante könnte dann sein, dass die Kinder ihre Augen zuhalten, bis Sie rufen.

Da – da geht es entlang!

Mit Kindern ab 3 Jahren
Erste Spielrunde: Wer mitmachen will, kommt in den Kreis und nimmt am Boden Platz. Die Kinder sollten nicht eng zusammensitzen, sondern weit auseinander. Die Spielregel: Sie nehmen eine Glocke, gehen im Kreis hin und her und um die Kinder herum. Sobald Sie stehenbleiben und mit der Glocke läuten, zeigen die Kinder in Ihre Richtung. Danach wird gewechselt, ein Kind bekommt die Glocke, wiederholt das Spiel und übergibt dann einem anderen Kind die Glocke.

Zweite Spielrunde: Jetzt wird es schwieriger: Die Kinder halten die Hände vor ihre Augen, lauschen Ihren Schritten nach und warten, bis Sie mit der Glocke läuten. Dann erst öffnen sie die Augen, sehen sich nach Ihnen um und zeigen in Ihre Richtung.

Dritte Spielrunde: Sie sagen: „Augen zu!“ und gehen los. Die Kinder halten ihre Augen geschlossen und zeigen beim Ertönen des Glockenklangs in die Richtung, aus der sie das Bimmeln hören. Erst wenn Sie „Augen auf!“ rufen, öffnen die Kinder ihre Augen und sehen selbst, ob die angezeigte Richtung stimmt. Dann zieht ein Kind mit der Glocke los und das Spiel wird fortgesetzt.

Es könnte sein, dass ein Kind nicht richtig hört. Sprechen Sie die Eltern darauf an und bieten Sie Ihre Hilfe an, einen HNO-Arzt zu finden, der die Hörfähigkeit des Kindes untersucht.

4.3
Das Riechen

🌀 *Entwicklung des Geruchsinns*

Alles auf der Welt hat einen Eigengeruch, egal, ob es natürliche oder künstliche Produkte sind, ob Naturmaterialien, Kleidung, Nahrungsmittel, Räume oder Putzmittel. Diese Gerüche nimmt auch das Kind wahr und wertet sie, je nach Erlebnishintergrund, als angenehm oder unangenehm, auch wenn es nicht weiß, was da riecht. Um die Gerüche den Dingen zuzuordnen und die Worte dazu zu lernen, braucht das Kind eine Menge Geruchserfahrungen.

🌀 *Überreizung*

Bei sehr starken Gerüchen wird unser Geruchsorgan überreizt, unsere Nase schützt sich dagegen und „macht dicht", sodass wir gar nichts mehr riechen. Weil auch Babys bereits sehr gut riechen können, reagieren sie sensibel gegenüber zu starken Gerüchen. Das sollten Erwachsene berücksichtigen und Seifen, Cremes und Badeöle ohne Duft nehmen, auch geruchlose Wasch- und Putzmittel einsetzen, auf Duftlampen verzichten und niemals einen Raumspray verwenden. Das ist das Beste, was Sie für die Kinder tun können, um deren Geruchssensibilität zu fördern und nicht zu blockieren (siehe auch Kapitel 3.4).

Riechen und schmecken

Lernziel: bewusst den Geruch des Essens wahrnehmen
Zeit: 1 Minuten

Mit Babys

Mund auf, Brei rein – und runterschlucken. Wenn das Füttern so schnell geht, bleibt dem Kind keine Gelegenheit, den Kinderbrei zu riechen und, es versäumt Geruchserfahrungen aller Art. Lassen Sie die Essenszeit zu einem genussreichen Riech- und Schmeck-Spiel werden. Riechen Sie erst selbst an dem Brei, zeigen Sie mit Ihrer Mimik und einem aufmunternden „Mmmm, das riecht gut!", dass Sie den Geruch fein finden. Mit einem „Riech mal!" halten Sie den Löffel mit dem Brei dem Kind zum Schnuppern unter die Nase und benennen den Geruch, z.B.: „Das ist ein Bananenbrei!" Auch wenn

Und wie schmeckt das?

das Kind die Worte noch nicht versteht, so erlebt und lernt es, dass Gerüche Worte haben. Später, wenn es selber sprechen kann, wird es diese Erfahrung anwenden, den Geruch beachten, die Worte einsetzen oder nachfragen, wie das heißt, was so riecht.

Mit Kindern ab 2 Jahren
Wenn die Kinder selber essen können, bekommt das Schnupperspiel diese Variante: Das Kind nimmt mit dem Löffel seinen Brei auf oder greift nach einem Stückchen Brot, Sie sitzen daneben und fragen das Kind, ob Sie an dem, was es sich gleich in den Mund stecken will, riechen dürfen. Mit Mimik und Tonfall zeigen Sie, wie gut das Essen riecht. Das ist die beste Animation für das Kind. Jetzt will es gewiss auch an seinem Essen riechen. Und erst dann heißt es Mund auf und rein damit. – Wie lange dieses Schnupperspiel spielen? Beobachten sie das Kind, es wird Ihnen zeigen, wann es nicht mehr riechen, sondern nur noch essen möchte.

Mit Kindern ab 3 Jahren
Die Dreijährigen können alleine essen, mit anderen Kindern an einem Esstisch sitzen und gemeinsam ihre Mahlzeit einnehmen. Setzen Sie sich dazu und spielen Sie das Essen-riechen-Spiel mit einer kleinen Gruppe.

Sie beginnen das Spiel mit einer Szene, die den Kindern großen Spaß machen wird: Sie gehen von einem zum anderen und fächeln sich von jedem Teller etwas Essen-Geruch in die Nase, denn Sie wollen unbedingt wissen, ob bei jedem Kind das Essen gleich gut riecht. Mit einem lustvollen „Mmmm!" und „Aaaah!" kommentieren Sie Ihre Schnupperrunde. Dann fordern Sie alle Kinder auf, Ihren Löffel zu füllen und gründlich daran zu riechen. Erst dann und mit einem „Achtung, fertig, los!" schieben die Kinder den Löffel in ihren Mund und geben kund, wie es ihnen schmeckt.

Spielen Sie dieses kleine Spiel nur ein Mal, dann sollte jedes Kind in aller Ruhe und in seinem eigenen Tempo weiteressen. Ob es auch weiterhin zuerst an seinem Löffel schnuppert, das bleibt ihm selbst überlassen.

Gerüche der Natur

Lernziel:	Gerüche beachten und beschreiben
Zeit:	2 Minuten
Spielsachen:	Schuhschachtel, Sachen aus Wald und Wiesen, Früchtetee-Mischungen

Mit Kindern ab 2 Jahren

Beim nächsten Spaziergang sammeln Sie mit den Kindern eine Schachtel voll Naturmaterialien ein, Gras, Blumen, Moos, Rinde, Tannenzapfen, eine Handvoll Erde usw. Zurück im Gruppenraum, stellen Sie die Schachtel auf einen niederen Tisch, sodass die Kinder selber den Deckel hochnehmen können. Beginnen Sie das Spiel, schieben Sie den Deckel hoch, stecken Sie Ihre Nase in die Schachtel und nehmen Sie einen tiefen Atemzug. Mit Ihren begeisterten Ausrufen, z. B.: „Riecht das gut nach Wald!" oder „So hat die Wiese gerochen!", animieren Sie die Kinder, selber in die Schachtel hineinzuschnuppern.

Ist diese Schnupperrunde beendet, nehmen Sie einzelne Stücke aus der Schachtel, riechen daran, benennen den Gegenstand und erklären, wie Ihnen der Geruch gefällt, z. B.: „Ja, so würzig riecht das Moos! Diesen Geruch mag ich besonders gerne!"

Ein paar Tage später füllen Sie die Riechschachtel mit etwas anderem, z. B. frischen oder getrockneten Pfefferminzblättern oder mit einer beliebten Früchteteemischung. Das Spiel kann sich über Wochen hinweg ziehen, immer wieder füllen Sie etwas anderes in die Riechschachtel.

Die Sonnenblume ertasten, erriechen, erspüren – im ganzen Gesicht und mit allen Sinnen!

Gerüche der Umgebung

Lernziel: gewohnte Gerüche neu beachten
Zeit: 3–5 Minuten

Mit Babys

Wenn Sie ein klein wenig Zeit haben, machen Sie mit einem Kind auf dem Arm einen kleinen Riech-Spaziergang, gehen z. B. in die Küche, schnuppern in die Luft und zeigen mit Ihrer Mimik, dass Ihnen der Geruch gefällt. Erzählen Sie dem Kind, was Sie riechen, z. B.: „Hier riecht es nach Essen. Ich rieche eine Suppe. Es riecht nach Kartoffelsuppe. Die werden wir nachher zum Mittagessen bekommen …" Auch wenn das Kind noch kein Wort selber sagen kann, so wird es Ihnen fasziniert zuhören, Sie nachahmen und auch tiefe Atemzüge nehmen, dabei Geruchserfahrungen sammeln und vielleicht in seiner Silbensprache mit Ihnen darüber sprechen.

Mit Kindern ab 2 Jahren

Wenn Sie mit den Kindern von einem Spaziergang in den Gruppenraum zurückkommen, dann überraschen Sie die Kinder mit diesem Spiel: Sie schnüffeln in die Luft und sagen: „Hier riecht es nach unserem Gruppenraum, nach uns! Könnt ihr das auch riechen? Wie findet ihr diesen Geruch?"

Dann wandern Sie mit der Kinderschar von einem Raum in den anderen, recken Ihre Nase hoch in die Luft und schnuppern, was es da alles zu riechen gibt. Sie gehen z.B. weiter in den Bastelraum, den Schlafraum, in die Küche, in den Waschraum. Führen Sie Gespräche mit den Kindern, fragen Sie, was die Kinder riechen, ob es gut, fein, komisch oder eklig riecht, lassen Sie die Kinder auch raten, nach was es riecht oder überlegen Sie miteinander Phantasieworte, wie der Geruch beschrieben werden kann.

---

⑥ *Phantasiewörter für Gerüche*

Es gibt wenig Worte, um einen Geruch genau zu benennen, und mit den Verben „duften" und „stinken" ist nur die Wertung zum Ausdruck gebracht. Meist beschreiben wir einen Duft mit dem Gegenstand: Es riecht nach Moos, nach Pfefferminze, nach Erdbeere, nach Schokolade. Das ist eine Chance, mit Kindern nach Phantasiewörtern zu suchen. Da kann eine Blume nach „Prinzessin" riechen oder ein Tannenzapfen nach „Sprunk".

4.4
Das Schmecken

---

⑥ *Entwicklung des Geschmacksinns*

Von Geburt an sind bei den Kindern die Geschmackszellen voll funktionsfähig. Kinder sind bereit, viele Geschmacksnuancen auszutesten, und können so im Gehirn die Geschmackserfahrungen abspeichern. Je vielfältiger das Essen in der Prägungsphase der ersten Jahre ist, desto mehr Geschmacksunterschiede werden die Kinder später wahrnehmen und – darüber reden können. Kinder mögen am liebsten das, was sie als Baby zu Hause zu essen bekommen.

Wird ein Kind einseitig ernährt, hat es immer nur Verlangen nach diesem einen Geschmack und schiebt den Teller weg, wenn das Essen anders schmeckt. Die beste Förderung für die Sensibilisierung der Geschmackswahrnehmung ist, den Kindern unterschiedliches Essen zuzubereiten, egal ob es Brei, Suppe, Gemüse, Brot, Obst oder Getränke sind.

Und wie schmeckt dir das?

---

⑥ **Gesunde Nahrung selber zubereiten**

Wenn Sie den Kinderbrei selbst mit Naturprodukten zubereiten, hat das den Vorteil, dass Sie die Menge an Salz und Zucker festlegen oder am besten gleich ganz weglassen können. Viele Rezepte dazu gibt es im Internet unter dem Stichwort „Kinderbrei selbst zubereiten".

Stellen Sie auch die Säfte selber her. Sie brauchen dazu eine Saftpresse und einen Entsafter. Es lohnt sich, beides anzuschaffen. Nur so können Sie sicher sein, dass kein zusätzlicher Zucker oder Süßstoff im Getränk enthalten ist. Lassen Sie die Kinder bei der Saftzubereitung zuschauen, dann sehen sie genau, aus welchem Obst oder Gemüse ihr Saft hergestellt ist.

Essen schmecken

Lernziel: *den Geschmack bewusst wahrnehmen und hören, wie man darüber redet*

Zeit: *1 Minute*

Mit Babys

Der Brei ist zubereitet und Sie schöpfen diesen vor den Augen des Kindes in den Teller. Dabei reden Sie mit dem Kind, erzählen ihm, was es heute gibt und zeigen auch mit Ihrer Mimik, wie Sie sich freuen, dass es dem Kind gleich gut schmecken wird. Setzen Sie sich zu dem Kind, nehmen selbst einen Löffel zur Hand, kosten Sie den Brei und kommentieren Sie z. B.: „Das ist heute ein Karottenbrei! Das schmeckt mir gut! Mmmmm!" Zeigen Sie mit langsamen Bewegungen, wie Sie zuerst schauen, was auf dem Löffel ist, dann daran riechen, den Löffel langsam zum Mund führen, den Mund weit öffnen, den Löffel hineinschieben, den Brei im Mund mit genießerischem Gesichtsausdruck auf der Zunge zergehen lassen, kauen, schlotzen und dann hinunterschlucken. So geht das Schmecken. Jetzt ist das Kind an der Reihe. Längst ist seine Neugierde auf das Essen groß und es will auch den Brei schmecken. „Das ist dein Brei, jetzt bist du dran, probier mal!" Mit diesen oder ähnlichen Worten erklären Sie dem Kind, dass jetzt seine Mahlzeit beginnt.

Auch wenn das Baby kein Wort versteht, so wird es Ihnen zuhören, alle Ihre Bewegungen verfolgen und vielleicht auch versuchen, Sie nachzuahmen. So lernt das Kind, bewusst zu essen, zu riechen und zu schmecken. Und später, wenn es sprechen kann, hat es bereits eine Vielzahl von Geschmackserfahrungen gesammelt und die dazugehörigen Wörter und Sätze stehen ihm zur Verfügung, weil sie als Erfahrungsschatz in seinem Gehirn abgespeichert sind.

Mit Kindern ab 2 Jahren

Längst haben die Kinder gelernt, selbst zu essen, und sitzen in kleinen Gruppen am Esstisch. Bleiben Sie bei dem oben beschriebenen Essenritual, das jetzt so geht: Während Sie das Essen ausschöpfen, erzählen Sie, was es zu essen gibt und was Sie auf den Teller legen. Dann nehmen die Kinder mit einem Löffel oder einer Gabel einen Happen, riechen kurz daran, um den feinen Essensgeruch aufzunehmen, führen dann den Löffel zum Mund, kauen ein paar Mal, genießen den Geschmack im Mund und schlucken erst dann den Happen herunter. Dabei kommt es darauf an: Wenn die Kinder essen, ist die Aufmerksamkeit allein auf das Essen gerichtet. Es gibt kein hastiges Hinunterschlingen, kein Brüllen und Schreien beim Essen, keine Hintergrundmusik. Dieses bewusste Essverhalten vermitteln Sie nicht mit Ermahnungen, sondern mit Vormachen.

🌀 *„Das mag ich nicht!"*

Gut zu wissen, dass wir Menschen, genetisch bedingt, einen Geschmack unterschiedlich stark wahrnehmen. Die einen schmecken beim Essen kaum etwas und würzen nach, während die anderen beim gleichen Essen den Geschmack sehr intensiv, vielleicht sogar als zu scharf empfinden. Das hängt von der Empfindlichkeit der Geschmacksknospen ab, die bei den Menschen eben unterschiedlich entwickelt

sind. Eine zweite unterschiedliche Sensibilität ist beim Tastsinn der Zunge zu beobachten. Die einen spüren beim Pudding oder Brei kleine Klümpchen auf der Zunge, die anderen merken nichts davon. Und ob einer diese Klümpchen mag oder nicht, ist ebenso unterschiedlich.

Oft ist der Ärger groß, wenn Kinder ein Essen verweigern, den Teller wegschieben, den Kopf wegdrehen oder den Hals strecken. Viele Erwachsene meinen, dass das Kind verhätschelt oder zickig sei, wenn es z. B. die Suppe als zu scharf oder den Pudding als zu verklumpt ablehnt. Das ist ein fatales Missverständnis, hat nichts mit Verwöhntsein zu tun, sondern mit der Sensibilität von Zunge und Gaumen. Manche Erwachsene zwingen dann sogar ein Kind, das, was auf dem Tisch steht, zu essen, und meinen, dass das Kind sich schon noch daran gewöhnen würde. Das wird nie der Fall sein – und was bleibt, ist eine negative Erfahrung mit dem Essen, verbunden mit demütigenden Gefühlen oder großer Wut.

Was tun? Mit kleinen Kindern aufmunternd reden und Mut machen, wenigstens ein bisschen zu probieren. Eine bewährte Regel ist: Alles einmal probieren, nur ein kleines Häppchen. Und dann sagen, wie es schmeckt und was anders sein sollte, damit es besser schmeckt. Ein weiterer Tipp ist, mit den Kindern immer wieder Spiele zu machen, bei denen es um unterschiedlichen Geschmack geht, als Ratespiel oder als Experiment – damit die Kinder positive, interessante und lustige Erfahrungen mit dem Essen machen und erleben, wie spannend es ist, einen neuen, fremden Geschmack zu kosten.

Geschmack raten

....

> **Lernziel:** einen Geschmack differenziert wahrnehmen
> **Zeit:** 1 Minute
> **Spielsachen:** Obst, Nüsse, Gemüse, das roh gegessen werden kann

Mit Kindern ab 2 Jahren

Dies ist ein Spiel für Kinder, die bereits allerlei Geschmack erfahren haben. Auf dem Teller liegen kleine Stückchen von unterschiedlichem Obst oder Gemüse oder von Nüssen. Ein Kind macht die Augen zu und Sie schieben ihm ein beliebiges Stückchen in den Mund. Was ist es? Das Kind kaut und schmeckt und rät. Erst wenn es seine Vermutung gesagt hat, darf es die Augen wieder öffnen, nach dem gleichen Stückchen greifen, essen und auf diese Weise selber überprüfen, ob es richtig geraten hat. Schwieriger wird das Spiel, wenn das Kind zwei unterschiedliche Häppchen in den Mund geschoben bekommt. Wer will es versuchen?

> ⑤ **Bewusst essen**
>
> *Mund auf, Löffel rein, schlucken. Nein, so kann kein Kind etwas schmecken. Hier geht es nur um Nahrungsaufnahme und Runterschlucken. Mit Schmecken hat das nichts zu tun. Also: Machen Sie es anders, wenigstens ab und zu und immer wieder, damit das Kind seine Geschmackszellen sensibilisieren und eine Vielzahl von Geschmacksrichtungen kennenlernen kann.*

Getränke schmecken

....

> **Lernziel:** den Geschmack eines Getränkes bewusst wahrnehmen
> **Zeit:** 1 Minute
> **Spielsachen:** Obst und Gemüse, Wasser, kleine Gläser

Mit Kindern ab 2 Jahren

Bereiten Sie zwei unterschiedliche Säfte vor, gießen Sie diese in zwei Flaschen oder Krüge, vermischt mit Wasser. Wer will probieren? Der bekommt gleich zwei kleine Gläser. Das Kind probiert und vergleicht und erzählt, was wie schmeckt. Später stellen Sie

Berührender Krümel-Austausch

die Saftflaschen an einen ausgesuchten Platz, sodass die Kinder sich selbst einen Saft auswählen und einschenken können.

> ### ⓖ *Problem: Fastfood und Essgewohnheiten*
>
> *In manchen Familien ist die Nahrungsaufnahme seltsam geworden, eher ein notwendiges Übel und kaum ein genussreiches Ereignis. Die Kinder sitzen im Kinderwagen mit einer Brezel in der Hand, an der sie ewig lange nagen und lutschen. Oder es wird schnell unterwegs etwas „in die Hand" gekauft und gegessen, auch das Kind bekommt ein paar Happen davon in den Mund gesteckt. Oder die Familie setzt sich in ein kinderfreundliches Schnellrestaurant, um schnell wieder aufstehen und weitergehen zu können. Oder abends sitzt die Familie vor dem Fernseher, schaut auf das Bild und isst nebenher das Abendessen.*
>
> *Was lernt das Kind dabei? Ganz sicher nicht, wie geschmackvoll ein Essen ist, wie man sich Zeit nimmt, gemeinsam eine Mahlzeit einzunehmen, wie man voller Aufmerksamkeit und mit Genuss isst, wie man über das, was man schmeckt, auch reden kann. Machen Sie es mit den Kindern anders!*

4.5
Das Tasten

Der Tastsinn erfasst unterschiedliche Wahrnehmungen: Es ist die Berührung der Haut von außen, das Abtasten mit den eigenen Händen, das Empfinden von Temperaturen, das Erkennen eines Drucks oder einer Vibration auf der Haut und das Spüren eines Schmerzes.

⑥ Entwicklung des Tastsinns

Das Neugeborene ist gegenüber körperlichen Berührungen sehr sensibel und spürt genau, ob es liebevoll, gleichgültig oder ablehnend angefasst und in den Arm genommen wird. Entsprechend reagiert es entspannt und voller Vertrauen oder wird unruhig und verkrampft sich ängstlich. Ein Selbertasten mit den Fingern gelingt dem Kind erst ab etwa sechs Monaten. Hingegen funktioniert der Tastsinn auf den Lippen und auf der Zunge bereits bestens. Deshalb steckt das Baby alles, was es packen kann, auch gleich in seinen Mund. Nicht, um es aufzuessen, sondern um die unbekannten Dinge kennenzulernen. Mit der Zunge tastend spürt es die Form, die Größe, die Oberfläche und die Beschaffenheit des Gegenstandes, vorausgesetzt, er passt in den Mund. Nach etwa eineinhalb Jahren kann das Kind mit seinen Händen die Dinge genau so fein abtasten wie mit seiner Zunge und erst dann lässt es davon ab, alles in seinen Mund zu stecken.

Auch die Temperatur spürt ein Baby schon recht gut. Wenn z.B. ein Essen zu kalt oder zu heiß ist, wendet das Baby seinen Kopf weg. Das sensible und intensive Schmerzempfinden des kleinen Kindes wurde lange Zeit nicht erkannt, weil sein Tastsinn anfangs etwas langsam reagiert, weil die Tastreize anfangs in den Nervenbahnen nicht so schnell weitergeleitet werden. Erst bei einem sechsjährigen Kind ist die Geschwindigkeit der Reizimpulse so schnell wie bei einem Erwachsenen.

⑥ Überreizung

Weil das Kind sehr sensibel Berührungen spürt, können kribbelige Kleidung, raue Kissenbezüge oder grobe Bettwäsche einen zu starken Reiz auf der Haut des Kindes ausüben, Etiketten an Jäckchen und Hosen unangenehm reiben, Sandkörner, Erde oder Steinchen im Schuh drücken. Wird die Kinderhaut ständig gereizt, reagiert sie mit Rötungen, schlimmstenfalls Entzündungen. Untersuchen Sie deshalb immer wieder die Wäsche, Kleidung und Schuhe der kleinen Kinder nach reibenden, kratzenden, drückenden Materialien und bringen Sie alles in Ordnung.

Abtasten

....

Lernziel:	*Tastwahrnehmungen kennenlernen, Begriffe dazu hören und lernen*
Zeit:	*3 Minuten*
Spielsachen:	*alltägliche Gegenstände*

Mit Babys

Sobald das Baby mit seinen Händchen nach etwas greift, wird es dieses Tastspiel mit Begeisterung spielen und viele Erfahrungen machen, was weich oder hart, elastisch oder fest, glatt oder rau ist. Suchen Sie im Haushalt nach folgenden Kriterien Spielsachen aus:

* klein genug, dass Kinderhände sie greifen und festhalten können
* groß genug, dass die Kinder sie nicht verschlucken können
* hygienisch einwandfrei und strapazierfähig genug, dass die Kinder sie in den Mund nehmen und daran lecken können
* stabil und mit abgerundeten Formen, dass die Kinder sich nicht daran verletzen können

Richten Sie für das Baby eine Spielkiste ein, in der diese Spielsachen aufbewahrt werden. Geben Sie dem Kind immer wieder andere Materialien zum Tasten in die Hand, also etwas aus Stoff, Gummi, Holz oder Plastik.

Mit Wickelkindern

Wenn Sie das kleine Kind waschen oder wickeln, geben Sie ihm alles, was Sie benützen, ein Weilchen in die Hand, z.B. den feuchten Waschlappen, das trockene Handtuch, die runde Cremedose, die etwas glitschige geschlossene Babyölflasche aus Plastik, die weiche, saubere Windel oder Windelhose. Diese Spielsachen sind für Kinder sehr aufregend, da gibt es viel zu abzutasten und zu spüren.

Wenn Sie Zeit haben, spielen Sie mit, nehmen den Gegenstand, drehen und wenden ihn und geben ihn wieder dem Kind. Reden Sie dabei, langsam und mit vergnügter Stimme, die die Entdeckerfreude zum Ausdruck bringt. Benennen Sie die Sachen und beschreiben Sie, wie sich das anfühlt, z.B. mit Worten wie: „Das ist der Waschlappen. Er ist weich. Er ist auch feucht und ein bisschen warm, weil ich ihn in warmes Wasser getaucht habe." Auch wenn das Kind nicht viel von dem versteht, was Sie reden, so wird es Ihnen aufmerksam zuhören. Und später, viel später wird es diese Worte selber sprechen und anwenden, denn sie sind längst mit den Tastwahrnehmungen im Gehirn abgespeichert.

Kinder puzzeln gern

Mit Krabbelkindern

Das Krabbelkind ist sehr neugierig auf die Dinge der Umgebung, die es mit seinen Händen erwischen und untersuchen kann. Alles, was in greifbarer Nähe liegt, übt auf das Krabbelkind eine Anziehungskraft aus, alles will es packen, auspacken, herunterziehen, wegziehen, abtasten und auf diese Weise ausführlich erforschen. Auch Schubläden, Regale, Taschen und Körbe sind vor dem Krabbelkind nicht mehr sicher. Für diese Entdeckerneugierde des Kindes ist das nachfolgende Spiel ideal: Füllen Sie in untere Regale und Schubladen, in Körbe und Taschen viele Sachen, die das Kind herausnehmen und untersuchen kann, ohne dass etwas kaputt geht, z. B.:

- Küchensachen wie Töpfe, Plastikschüsseln, Siebe und Kochlöffel
- nicht mehr gebrauchte Kinderkleidung wie Jacken, Mützen, Schuhe, Socken
- ausgediente Spielsachen wie Stofftiere, Puppenkleider, Geschirr aus der Puppenküche, Sandeimer und Förmchen

Mit Kindern ab 2 Jahren

Inzwischen kennen die Kinder die vielen Dinge ringsum, haben alles in ihren Händen gehabt, untersucht und damit gespielt. Jetzt wissen sie, wie es sich anfühlt, wenn ein Ball weich oder hart ist, ein Auto aus Holz oder Plastik ist, das Puppenkleid aus Wolle oder Stoff ist, das Papier flach oder zusammengeknüllt, die Knetmasse formbar oder fest geworden ist. Das Ratespiel macht diesen Kindern besonderen Spaß, weil sie zeigen können, was sie alles wissen, dass sie die richtigen Begriffe kennen und vielleicht schon kleine Sätze damit bilden können.

Sammeln Sie mit den Kindern viele interessante Spielsachen oder Alltagsgegenstände aus dem Haushalt und legen Sie alles in einen Korb oder eine Schachtel. Ein Kind schließt seine Augen, Sie nehmen einen Gegenstand aus der Schachtel und geben diesen dem Kind in die Hand. Was ist es? Mit ihren Fragen unterstützen Sie das Raten und Reden: „Ist es weich oder hart?", „Ist es rund oder eckig?", „Ist es rau oder glatt?"

Ein andermal legen Sie ungesehen einen Gegenstand aus der Schachtel unter ein Tuch. Das Kind schiebt seine Hände unter das Tuch und tastet ab, was es ist. Es können auch mal zwei Sachen unter dem Tuch versteckt sein.

Mit Kindern ab 3 Jahren
Jetzt liegen fünf bis zehn Sachen unter einem Tuch verborgen oder in einer mit einem Tuch abgedeckten Schachtel. Sie nennen einen Gegenstand, das Kind greift unter das Tuch, sucht tastend nach dem genannten Gegenstand und holt ihn hervor. Dann beschreiben Sie miteinander, welche Eigenschaften dieser Gegenstand hat, sodass er ertastet werden konnte. Ein Tischtennisball z. B. fühlt sich rund und hart an und lässt sich rollen.

Eine Spaßfrage: „Kann man auch tasten, dass etwas gelb ist?" Nein! Finger können doch keine Farben sehen, das können nur die Augen!

Temperatur spüren

Lernziel:	*verschiedene Temperaturen spüren und vergleichen, Wörter lernen*
Zeit:	*1 Minute*
Spielsachen:	*Wasser, Waschlappen*

Mit Kindern ab 2 Jahren
Das Kind wäscht am Wasserhahn seine Hände. Sie stehen dabei und beginnen ein Gespräch: „Ist das Wasser kalt oder warm?" Das Kind testet nun gezielt die Wassertemperatur und erklärt, was es spürt. Danach drehen Sie den Wasserhahn in Richtung warmes Wasser und fragen: „Ist das Wasser jetzt kälter oder wärmer?" Das Kind testet mit seinen Händen das Wasser und antwortet. Dann ist das Kind an der Reihe und stellt

eine andere Wassertemperatur ein. Sie prüfen beide nach, ob das Wasser wärmer oder kälter geworden ist.

Achtung, wenn das Wasser richtig heiß ist: Nur einmal kurz den Wasserstrahl berühren, dann hat das Kind nachhaltig gelernt, was „heiß" ist und wird zukünftig den Wärmegrad des Wassers vorsichtiger einstellen.

Und wie fühlt sich eiskalt an? Das Experiment haben Sie vorbereitet und eine kleine Schüssel mit Wasser in den Kühlschrank oder die Tiefkühltruhe gestellt. Vorsichtig und ganz bestimmt sehr neugierig testen Sie mit dem Kind, wie kalt sich „eiskalt" anfühlt.

Druck auf der Haut spüren

Lernziel: *Intensität einer Berührung spüren, darüber reden*
Zeit: *1 Minute*
Spielsachen: *kleines, buntes Tuch*

Mit Wickelkindern
Das Kind liegt auf der Wickelkommode, ist frisch gewickelt und strampelt vergnügt. Wollen Sie noch ein klein wenig miteinander spielen? Sie patschen mit flacher Hand sanft, langsam und liebevoll auf die Beine des Kindes, zeigen mit Ihrem Gesichtsausdruck Heiterkeit und Spaß und sagen im Patsch-Rhythmus: „Pitsch, patsch, pitsch, patsch ..." Dann suchen Sie eine andere Patsch-Stelle und wiederholen das Spiel. Wenn das Kind dabei lacht und freudig zappelt, heißt das in der Kindersprache: „Das gefällt mir! Noch einmal!" Wenn das Kind aber auf Ihr Patschen-Spiel nicht reagiert, vielleicht ängstlich schaut oder gar sein Gesicht zum Weinen verzieht, hören Sie sofort mit dem Spiel auf. Streicheln Sie dann liebevoll und zärtlich das Kind, reden mit beruhigender Stimme und zeigen mit Ihrer Mimik und Körperhaltung Zuwendung und Aufmerksamkeit, bis das Kind wieder beruhigt ist, lächelt und strampelt und damit zeigt, dass die Welt wieder in Ordnung ist.

Mit Kindern ab 2 Jahren
Das Kind liegt auf dem Boden oder in seinem Bett. Sie nehmen ein Tuch und legen dieses auf die Beine des Kindes. Langsam ziehen Sie das Tuch weg. „Spürst du, wie das Tuch weggezogen wird?", fragen Sie. „Wie gefällt dir das?" Das Kind antwortet auf seine Weise. „Magst du es, wenn ich an einer anderen Stelle das Tuch ausbreite? Vielleicht über den Arm oder über das Knie?"

So spielen Sie miteinander weiter. Das Kind sagt oder zeigt, an welcher Körperstelle das Tuch ausgebreitet werden darf. Immer wieder fragen Sie, ob das Kind das Tuch spürt, wie es sich anfühlt, ob es angenehm oder unangenehm ist. Dabei lernt das Kind, diese Empfindungen zum Ausdruck zu bringen, und erlebt, dass ein anderer darauf reagiert.

Mit Kindern ab 3 Jahren

Sie sitzen auf einem Stuhl, das Kind sitzt auf Ihrem Schoß, den Rücken Ihnen zugekehrt. Sie sprechen einen Kindervers und kreisen mit Ihrer Hand auf dem Rücken des Kindes. Zum Schluss rät es, wie viel „Hörner der Bock hat", das heißt, wie viel Finger es spürt. – Noch einmal das Spiel? Na klar! Danach fragen Sie, wie es ist, wenn die Hörner vom Bock auf den Rücken pieksen. Ist das angenehm oder nicht? Und warum? Dreijährige können hierauf eine Antwort geben.

Holler Boller Rumpelstock

Holler Boller Rumpelstock,
wie viel Hörner hat der Bock?

Das Spiel dazu:

Holler Boller Rumpelstock,	Sie kreisen mit flacher Hand auf dem Rücken des Kindes.
wie viel Hörner hat der Bock?	Sie drücken sanft einen oder zwei Finger auf den Rücken des Kindes.

5.
Sprache und Phantasie

In den ersten zwei Jahren nimmt das vielschichtige Sprachverständnis des Kindes täglich zu: Das Kind lernt viele Wörter und Redewendungen, die Sprachmelodie seiner Muttersprache, den Sprachrhythmus beim Aussprechen der Worte, die Modulationen in der Stimme, welche auch die Stimmung anzeigt, die nonverbalen Kommunikationssysteme. Zum Schluss entdeckt es sogar die sprachlichen Besonderheiten wie Gegensätze und Steigerungen, Überbegriffe und Wortgruppen, sinnverwandte Wörter und Wörter für unsichtbare Dinge wie z. B. die Zeit.

Mit den Spielen dieses Kapitels erleben die Kinder die Sprache als Spielzeug der Phantasie. Der Spielspaß ist groß. Spielen Sie diese Spiele nur, wenn auch Sie Spaß an den verrückten Sprach- und Sprechspielen haben. Dann werden Ihnen die Spiele mit den Kindern gut gelingen.

Wortschöpfungen

> **Lernziel:** *Bestätigung, dass auch ein Kind Wörter erfinden kann, Anregung zur Sprachphantasie*
>
> **Zeit:** *3 Minuten*

Was ist ein Dida, was ein Mumi, was ein Libalu? Dida ist das Schmusetuch von Helene, Mumi ist die kleine Spielmaus von Arthur, und was ein Libalu ist, hat mir Leo bis heute noch nicht verraten. Wenn Kinder einmal erkannt haben, dass sie selber Wörter erfinden und den Dingen neue Namen geben können, erleben sie die Sprache voller Lust und Phantasie. Und wenn auch Sie Spaß an solchen Sprachspielereien haben, dann erkennen Sie die Situationen, in denen das Spiel mit Wortschöpfungen spontan beginnen kann. Also, nicht dann, wenn ein Kind wirklich wissen will, wie die Dinge heißen, sondern dann, wenn Spiellaune zu spüren ist.

Mit Kindern ab 2 ½ Jahren

So z. B. könnte das Spiel beginnen: Sie schauen sich nach einem ganz normalen Gegenstand um, z. B. nach Ihren Schuhen, und geben diesen einen Phantasienamen. „Wo sind denn meine Schlappdiwupps?", fragen Sie das Kind. „Weißt du, was meine Schlappdiwupps sind?", geht das Gespräch weiter, sie suchen umher und halten schließlich die Schuhe hoch. „Da sind ja meine Schlappdiwupps! Es sind meine Schuhe, ich nenne sie Schlappdiwupps. Wie heißen denn deine Schuhe?" Jetzt ist das Kind an der Reihe, sich ein Phantasiewort auszudenken, und Sie reden miteinander von Ihren Schlappdiwupps und den Kinderschuhen, die gleich auch einen anderen Namen haben werden.

Phantasiesprache

Lernziel: Sprechtraining, Sprachphantasie, Sprachmelodie beachten
Zeit: 2–3 Minuten
Spielsachen: Puppen

Die klangvolle Phantasiesprache, die manche Kinder bei ihrem Spiel einsetzen, ist nichts anderes als das kreative Sprachspiel mit Silben. Mit großem Spaß setzen die Kinder diese Silben-Sprache (siehe Kapitel 1.3) ein, unterhalten sich damit mit ihren Kuscheltieren oder lassen ihre Puppen sprechen.

Ob Sie auch in einer Phantasiesprache reden können? Das ist für uns Erwachsene nicht einfach. Wenn es Ihnen dennoch gelingt, werden die Kinder Sie zuerst verdutzt anschauen, aber schnell merken, dass Sie jetzt auch eine Phantasiesprache beherrschen und Sie dürfen zur großen Begeisterung der Kinder bei deren Plappersprachen-Spiel mitmachen. Jetzt können Sie die Kinder immer wieder neu zu weiteren Phantasiewörter-Spielen animieren.

Mit Kindern ab 2 Jahren
Nehmen Sie ein Kuscheltier zur Hand oder eine Puppe und beginnen Sie z. B. mit einem als Fragesatz intonierten: „Balleb-blabbel ...?", ergänzen Sie diesen Fragesatz mit einem Ausrufesatz, z. B.: „Sumbidum plawumm!". Weiter geht das Gespräch z. B. mit einem „Ojong sibitz!". Phantasieren und sprechen Sie munter drauflos, machen Sie immer wieder Pausen, schauen Sie das Kind fragend an und fordern Sie es mit einem aufmunternden Kopfnicken zum Mitspielen, besser gesagt zum Mitsprechen in der Phantasiesprache auf.

Und das ist Slabodabo!

Wie könnte die Geschichte wohl weitergehen?

Sprach-Quatsch

Lernziel:	*Sprachspaß*
Zeit:	*2–3 Minuten*

Wenn Sie besonders gut aufgelegt sind, dann gelingt Ihnen dieser Sprachspaß mit Leichtigkeit. Die Spielregel: Sie sagen falsche Begriffe. Die Kinder werden Sie eines Besseren belehren, Ihnen die richtigen Wörter sagen und manchmal vor Kichern und Lachen kein Wort herausbekommen.

Mit Kindern ab 2 Jahren
Spielanlass ist eine ganz normale Alltagssituation. Sie wollen z. B. den Kindern aus einem Bilderbuch etwas vorlesen, die Kinder sitzen dicht gedrängt neben Ihnen und sind bereit, der Geschichte zu lauschen. Da legen Sie los, halten das Buch in die Höhe und sagen z. B.: „Na, was habe ich denn da in der Hand, einen Kochtopf?" Fassungslos werden die Kinder Sie anschauen und der fragende Blick der Kinder sagt alles, nämlich: „Was ist denn jetzt los?" Das klären Sie mit dem nächsten Satz auf: „Nein, ich mache Quatsch, das ist ein Bilderbuch!"

Jetzt verstehen die Kinder den Spaß und Sie können weitermachen, zeigen auf etwas anderes und sagen: „Dann ist das der Kochtopf! Oder?" „Nein!", rufen die Kinder und kichern. Sie reden weiter: „Was ist es dann?" Die Kinder antworten, was sie wissen. Und so geht das Quatschmachen weiter: Sie zeigen auf Dinge, bezeichnen diese mit falschen Begriffen und die Kinder korrigieren Sie. Nach ein bis zwei Minuten ist Schluss mit lustig. Damit Sie die aufgewirbelte Kinderschar wieder beruhigen, erklären Sie mit ernster Miene: „Jetzt möchte ich wirklich gerne aus dem Bilderbuch vorlesen. Wollt ihr die Geschichte hören?"

Lautmalerische Worte

Lernziel: Sprache und Wortlaute bewusst wahrnehmen, genau hinhören, Freude am Klang der Wörter empfinden, Sprachphantasie und Sprachspaß

Zeit: 2–3 Minuten

Mit Kindern ab 2 ½ Jahren

Sie sitzen mit den Kindern zusammen, es ist gerade Spielpause, das eine Spiel ist abgeschlossen, die Kinder wissen noch nicht, was sie jetzt spielen wollen. Das könnte eine Gelegenheit für dieses Sprach-Phantasiespiel sein. Sie beginnen einfach, zeigen pantomimisch, wie Sie gründlich nachdenken, und berichten den Kinder, was Ihnen durch den Kopf geht. „Ich denke gerade über schöne Wörter nach, ich habe ein Lieblingswort, das klingt so lecker, es heißt: Scho-ko-la-de." Sie sprechen dieses Wort betont langsam aus, zeigen mit übertriebener Mimik und theatralischer Stimme Ihre Freude an der Aussprache des Wortes. Das z. B. könnte dann Ihre Erklärung sein: „Das Wort Schokolade klingt wunderbar lecker, bei dem o formt sich der Mund, als würde er ein Stückchen Schokolade im Mund schmelzen lassen, bei a sperrt sich der Mund weit auf, als würde er ein Stücken Schokolade hineingeschoben bekommen."

Die Kinder werden zuerst überrascht zuhören, lassen sich jedoch schnell anstecken, wollen auch das schöne Wort so betont aussprechen, und ahmen Sie nach. Sprechen Sie weitere schöne Wörter aus. Und fragen Sie schließlich die Kinder nach schönen Wörtern. Hier gibt es kein richtig oder falsch. Jedes Wort gilt, wenn ein Kind es betont schön ausspricht und Freude an dem Wortklang hat. Auch lange Wörter klingen schön, wie z. B. Regenbogen, Sonnenschein, Kunststoffpfropfen. Hier noch ein paar Beispiele für Ihre Wortwahl und Begründung:

summen	Das Wort summen klingt so, als würde man beim Aussprechen dieses Wortes mitsummen.
klirren	Bei dem Wort klirren hört man mit dem kurzen i und den darauffolgenden rr wirklich, wie es klirrt.

hart	Das Wort hart klingt wirklich hart, das Wort weich wirklich weich.
rauschen	Bei dem Wort rauschen rauscht es im Mund gleich mit. Auch bei plätschern und gurgeln ist beim Aussprechen das Plätschern und Gurgeln im Mund zu spüren.

Seltsame Wörter

Lernziel: *Interesse bekommen auf unbekannte Dinge und neue Wörter*
Zeit: *5 Minuten*
Spielsachen: *Korb, Gegenstände aller Art*

Mit Kindern ab 2 ½ Jahren

Suchen Sie nach unbekannten, interessanten, fremdartig aussehenden Gegenständen aus der Küche, aus der Werkstatt, aus Omas Nähkästchen, aus dem Werkzeugkasten eines Handwerkers oder etwas vom Handwerkszeug eines Künstlers. Wählen Sie drei, höchstens fünf Sachen, die alle auch noch einen seltsamen Namen haben.

Aus Omas Nähkästchen zum Beispiel könnten es diese Dinge sein: Stopfei, Fingerhut, Nadelkissen. Diese Dinge sehen spannend aus und haben recht witzige Namen. Ein Ei kennen die Kinder, ebenso einen Hut und ein Kissen. So heißen die Gegenstände – und dennoch heißen sie noch ein bisschen anders und sehen auch ungewöhnlich aus. Mit großem Interesse werden die Kinder diese Sachen betrachten und Spaß daran haben, die lustig-komischen Begriffe auszusprechen.

Worte für schöne Gefühle

Lernziel: *erleben und spüren, wie Worte Gefühle auslösen, Sensibilisierung des Sprachgefühls*
Zeit: *1 Minute*

Mit Babys

Das Kind sitzt so auf Ihrem Schoß, dass Sie sich anschauen können. Sie sagen dem Kind mit leiser, liebevoller Stimme viele schöne Worte, z. B. dass Sie sich freuen, wie das Kind Sie anschaut, dass es heute mit großem Genuss seinen Brei gegessen hat, dass es gerne zuhört, wenn Sie singen, dass es so vergnügt lacht, wenn es ihm gut geht. Auch wenn das kleine Kind kaum ein Wort versteht, so spürt es die angenehme Stimmung, die mit Ihren Worten ausgelöst werden. Darauf kommt es an.

Mit Kindern ab 2 Jahren

Wenn Sie wirklich guter Laune sind, dann klappt das Spiel bestens. Der Spielplatz ist die Kuschelecke oder die Gartenbank oder beim Wandern ein Baumstamm, auf dem sich alle zur Pause niederlassen. Wenden Sie sich an jedes Kind einzeln und sagen Sie ihm etwas Schönes. Beschreiben Sie etwas, was das Kind gut kann, und fügen Sie hinzu, dass Sie Freude daran haben, z.B.: „Du hast so Freude am Singen, so wie ich auch", „Du hörst so aufmerksam zu, wenn ich etwas erzähle. Darüber freue ich mich sehr" oder „Ich schaue dir gerne zu, wenn du etwas malst. Deine Bilder sind so bunt und fröhlich.". Die Kinder spüren, dass Ihre Worte ehrlich gemeint sind und genießen die schönen Gefühle, die mit Ihren Worten ausgelöst werden.

Es ist interessant zu beobachten, wie die Kinder bei diesem Spiel ganz still sind, den Worten fast andächtig lauschen und diesem guten Gefühl, das dabei entsteht, beglückt nachspüren. Darauf kommt es an und bedarf keiner weiteren Worte und Erklärungen. Sitzen Sie am Schluss ein kleines Weilchen ebenfalls ganz still bei den Kindern.

Schimpfwörter, die ärgern

Lernziel:	*mit Schimpfwörtern umgehen können, sich der unangenehmen Gefühle bewusst werden, die dabei ausgelöst werden*
Zeit:	*1 Minute*
Spielsachen:	*Schuhschachtel mit Deckel, Malfarben oder Buntpapier und Klebstoff*

Unter Kindern ist es immer wieder ein beliebtes Spiel, Schimpfwörter zu gebrauchen. Je übler, desto interessanter. Einen besonderen Nervenkitzel hat das Spiel vor allem dann, wenn der Erwachsene sich darüber heftig aufregt. Schimpfwörter verbieten ist nicht die Lösung, das zeigt die praktische Erfahrung. Im Gegenteil, das erhöht den Spielreiz für die Kinder.

Was also tun? Hier gibt es eine bewährte Lösung: Die Schimpfwortschachtel. Nehmen Sie eine Schuhschachtel und die Kinder verzieren sie mit dunklen Farben und wilden Zickzacklinien wie Blitz und Donner. Jetzt ist es die Schimpfwortschachtel geworden, die an einem besonderen Ort aufgestellt wird, an den die Kinder selber herankommen.

Ich bin wütend!

Mit Kindern ab 2 Jahren

Wenn jemand ein Schimpfwort sagt, fordern die anderen ihn auf, die Schimpfwortschachtel zu holen und noch einmal alle Schimpfwörter in die Schachtel hineinzusagen. Die anderen Kinder, die beim Schimpfen dabei waren, gehen mit und wollen ganz bestimmt selber noch ein paar „böse Wörter" in die Schachtel schreien. Und dann heißt es, schnell wieder den Schachteldeckel schließen, damit die Schimpfwörter drin bleiben.

Erklären Sie den Kindern die Spielregel dann, wenn alle gut gelaunt und aufmerksam sind. Und was machen die jüngeren Kinder? Sie sind einfach dabei und beobachten, was geschieht. Später, wenn sie größer sind und selber viele Wörter aussprechen können, ist ihnen das Spiel mit der Schimpfwortschachtel längst bekannt.

In jeder Woche wird einmal die Schimpfwortschachtel ins Freie getragen, der Deckel geöffnet und alle Schimpfwörter herausgelassen. Die Natur ist so stark, dass sie die Schimpfwörter in schöne Wörter verwandelt, die von Wind und Wolken weggetragen werden. Das zu wissen, beruhigt die Kinder sehr.

⑥ *Streitkultur*

Wenn ein Erwachsener ein Kind ausschimpft, so kann es sein, dass solche Worte fallen wie: „Bist du ungeschickt!", „Das kommt davon, wenn man nicht aufpasst!", „Bist du verrückt?!", „Du bist ein Tollpatsch!". Damit ist zur Sache nichts gesagt, sondern nur das Kind mit Kränkungen und Beleidigungen überhäuft! Damit sind auch die Probleme nicht gelöst, sondern nur Emotionen ausgelöst. Viel besser wäre es, wenn der Erwachsene erklärt, was passiert ist und warum ihn das ärgert, z.B.: „Du hast mit Farben das Bild im Bilderbuch übermalt. Jetzt kann ich das Bild nicht mehr richtig sehen. Das ärgert mich sehr!"

Wenn Sie reden, ist es durchaus stimmig, dass Sie dazu eine finsterere Miene zeigen und mit zorniger, lauter Stimme sprechen. Das reicht, das Kind hat alles verstanden. Damit ist die Sache kritisiert, aber nicht die Person. Der Ärger ist zum Ausdruck gekommen, aber das Kind wurde nicht beleidigt. Es wird ihm leichter fallen, seine Missetat einzugestehen und den Zorn des Erwachsenen zu ertragen.

Der nächste Schritt ist, gemeinsam zu überlegen, wie das Kind den Schaden wiedergutmachen kann. Fragen Sie es doch selber, seine Antwort wird Sie positiv überraschen. Die Erfahrung zeigt, dass Kinder bei einer Wiedergutmachung sehr streng mit sich selber sind. Also, seien Sie Vorbild im Streiten und Schimpfen, dann lernen es die Kinder auch.

Erzählen

Lernziel:	Erzähl-Sprache hören, Begeisterung für das Erzählen bekommen, Wörter lernen, die man in einer Erzählung einsetzt
Zeit:	3 Minuten

Mit Kindern ab 2 Jahren

Wenn wir etwas erzählen, reden wir anders als sonst. Wir betonen die Wörter geheimnisvoller, zögern an manchen Stellen, damit es spannender wird, die Sprachmelodie ist ein munteres Auf und Ab und das Sprachtempo langsamer. Das erkennen auch die Kinder und wissen genau, ob wir etwas nur sagen oder etwas erzählen.

Erzählen Sie den Kindern immer wieder kleine Geschichten, benützen Sie diesen bezaubernden und verzaubernden Erzählstil, benützen Sie ungewöhnliche Redewendungen und phantasievolle Wörter. Wenn die Kinder ein Wort nicht verstehen, werden sie nachfragen. Und wenn sie nicht nachfragen, sondern nur staunend-stumm zuhören, so merken sie sich dennoch dieses Wort und werden ein andermal fragen, wenn sie es wieder hören. Erklären Sie während Ihrer Erzählung keine Wörter und keine Redewendungen, das unterbricht die spannungsvolle Erzählstimmung. Es braucht dann ein klein wenig, bis alle Kinder wieder still und konzentriert bei der Sache sind. Was erzählen? Hierzu ein paar Ideen zu Geschichten und Themen:

- Eigene Erlebnisse,
- Erlebnisse, die Sie mit den Kindern hatten,
- den Inhalt eines Kinderliedes in eine Geschichte verwandelt,
- von Tieren, die reden,
- von Zwergen, die sich vor den Menschen verstecken,
- vom Kasperle, der sich Späße ausdenkt.

Beginnen Sie mit 3-Minuten-Geschichten. Wollen die Kinder die Erzählung gleich noch einmal hören? Das ist dann möglich, wenn Sie ein gutes Gedächtnis oder die Geschichten aufgeschrieben haben. Wie wäre es mit einem Heft, in das Sie als Gedächtnishilfe die Stichwörter zu Ihren Geschichten notieren?

Mit Babys
Oft sitzen auch kleine Kinder in der Erzählrunde und verstehen sicher nur wenige Worte. Doch auch sie genießen die Erzähl-Stimmung, lauschen dem munteren Auf und Ab Ihrer Stimme wie einer Melodie, spüren die Anspannung der Zuhörer und freuen sich, dabei zu sein.

Bildergeschichten sehen und hören

Lernziel:	*Geschichten sehen und hören und erfinden*
Zeit:	*3 Minuten*
Spielsachen:	*Kalenderbilder, Postkarten, Bilder aller Art*

Mit Kindern ab 2 Jahren
Ein Bild liegt ausgebreitet auf dem Boden. Sie schauen es an und sagen erst mal gar nichts. Auch die Kinder schauen darauf und warten gespannt, was nun passiert. Sie zeigen auf eine Stelle im Bild. Dort beginnt Ihr Phantasie-Spaziergang, von dem Sie jetzt erzählen. Mit dem Finger gehen Sie von einem Bildmotiv zum anderen und erzählen in Ich-Form, was sie sehen, erleben, hören oder riechen. So könnte die Geschichte z. B. mit einer Ferienpostkarte, auf der Meer und Strand abgebildet sind, beginnen:

„Ich bin hier auf dem Strand. Es ist ein Sandstrand. Er ist ganz warm, von der Sonne erwärmt. Ich gehe hier entlang und da stehe ich am Wasser ..." (Ihre Finger wandern auf

Gemeinsam eine Fußgeschichte erfinden – hoch oben in der Bewegungslandschaft

dem Bild zum Wasser.) „Das Wasser ist kühl. Ich stampfe mit meinen Füßen ins Wasser, dass es spritzt ...“ (Ihr Finger klopft auf das abgebildete Wasser, so als wären es ihre Füße.) „Ich gehe weiter, meine Beine werden nass ...“ (Ihr Finger wandert auf dem abgebildeten Meer hin und her.) So erzählen Sie und zeigen mit dem Finger auf die dazu passenden Stellen im Bild. Zum Schluss springt Ihr Finger aus dem Bild heraus. Das ist das Ende der Geschichte. Noch einmal? Na klar!

Gemeinsam Geschichten erfinden

Lernziel: Geschichten hören, erzählt bekommen, erleben, wie eine Geschichte entsteht, sich am Fortgang der Geschichte beteiligen
Zeit: 3 Minuten
Spielsachen: Spielzeugtiere, Spielkarten wie Memory oder Lotto

Mit Kindern ab 2 Jahren

Wenn Sie in Erzähllaune sind und die Kinder ruhig und entspannt neben Ihnen sitzen, dann ist das eine gute Ausgangssituation zum Ersinnen von Phantasiegeschichten. Diesmal bestimmen Spielsachen der Kinder den Verlauf und das Geschehen der Geschichte. Holen Sie diese Spielsachen, machen Sie die Kinder neugierig auf Ihre Geschichte und fordern Sie während des Erzählens immer wieder die Kinder zum Mitmachen auf. Dazu zwei Beispiele, und denken Sie daran: Es sind nur Drei-Minuten-Geschichten!

Mit Tieren aus der Spielzeugkiste: Drei Tiere aus der Spielzeugkiste werden der Reihe nach aufgestellt und Sie erfinden eine ganz kurze Geschichte dazu, z. B.: „Das ist der kleine Esel, er hat einen Freund, das Schweinchen, und eine Freundin, die Katze. Die drei Tiere leben auf einem Bauernhof. Sie spielen gerne miteinander. Was spielen sie denn am liebsten?" Diese Fragen stellen Sie den Kindern und die Antworten bauen Sie in Ihre Geschichte ein. „Ja, am liebsten rennen sie hin und her. Der Esel und die Katze rennen recht schnell. Nur das Schweinchen hat dabei seine Mühe. Deshalb rennen die beiden anderen meistens um das Schweinchen im Kreis herum und das Schweinchen bleibt einfach stehen ..." Jetzt fordern Sie ein Kind auf, ein weiteres Tier aus der Spielzeugkiste zu holen. Dieses wird in die Fortsetzungsgeschichte einbezogen. Weil es Drei-Minuten-Geschichten sind, können vielleicht noch zwei weitere Tiere geholt werden und mitwirken.

Mit Spielkarten: Sie legen einige Spielkarten auf den Tisch. Ein Kind wählt eine Karte aus und Sie erfinden dazu eine Geschichte, nur ein oder zwei Sätze. Dann wählt ein Kind eine weitere Karte, gibt sie Ihnen und Sie erfinden anhand dieses Bildmotivs die Fortsetzung der Geschichte. Auch hier beziehen Sie die Kinder in das Geschichtenerfinden mit ein. Hierzu ein Beispiel.

Die Blumenkarte liegt auf dem Tisch. Sie beginnen Ihre Erzählung: „Auf der Wiese blüht eine besonders schöne Blume." Die Hasenkarte kommt dazu. „Was macht denn der Hase auf der Wiese?", fragen Sie die Kinder. Die Fortsetzung könnte sich so anhören: „Der kleine Hase hoppelt jeden Tag auf die Wiese zu dieser Blume, bewundert sie und schnuppert an den Blütenblättern nach dem feinen Blumenduft." Die Karte mit dem Ball wird dazugelegt. „Was passiert mit dem Ball, wo liegt er?", fragen Sie wieder die Kinder. Und Ihre Geschichte könnte eine dramatische Wendung bekommen: „Am Rande der Wiese spielen Kinder mit dem Ball. Plötzlich rollt der Ball über die Wiese, geradewegs auf die Blume zu. Das sieht der kleine Hase und er rennt blitzschnell herbei, prallt auf den Ball und kugelt mit ihm in eine ganz andere Richtung. Die Blume ist gerettet. Und als der Hase wieder zur Blume zurückkommt, lässt sie ihm als Dankeschön ein duftendes Blütenblatt auf die Nase fallen. – Und was macht der Hase jetzt?", fragen Sie die Kinder. Das könnte dann die Fortsetzung sein: „Der Hase ist sehr glücklich darüber." Und das ist ein guter Schluss für diese Geschichte.

Bildnachweise